「吸引力法則」全球導師，《祕密》的思想源頭 | 伊絲特・希克斯 Esther Hicks

「激勵之父」暨世界級心理學大師 | 偉恩・戴爾博士 Dr. Wayne W. Dyer

# 來自亞伯拉罕的祕密

一場偉大靈性導師間的對話，一段啟發心智的旅程

# CO-CREATING AT ITS BEST

*A Conversation Between Master Teachers*

你們並不孤單。每個人都有意義，每個人都很重要。
你們來到這個世上都有偉大的理由和目的。
只要你們能聽到內心的呼喚，進入它的頻率，
你們就知道自己要往哪裡去。

# 作者序

偉恩・戴爾博士

我實踐亞伯拉罕的教誨將近三十年了。當我聽到有機會能夠親自與我心目中這宇宙間最頂尖的智慧對話，我立刻熱情允諾。之後，每次回味起我跟亞伯拉罕這個集體的無形智慧之間的互動，我都會想到法蘭克・辛納屈（Frank Sinatra）的一首歌，〈伴我雙飛〉（Come Fly With Me）。我相信若你看了這本書，你將有機會翱翔至你從未想像過的高度。

當我坐在舞台上跟伊絲特對話，聆聽亞伯拉罕令人讚嘆的教誨，我不只著迷於耳邊聽到的聲音，還深受那天現場豐厚的能量所吸引。我就像是個走進糖果店的孩子，瞪大了眼睛，想吃什麼現在都有機會能夠嚐嚐看。親愛的讀者，這本書所呈現的智慧，對你們來說就是個機會，教你們如何用心去創造出令人振奮和快樂的生活，也讓你們隨時明白自己的目的是什麼。亞伯拉罕回應我所有的問題和評論，不唱高調，他們*總是讓我停下來思考最簡單的事實，帶領我貼近存在的本源。

多年以前，我還是個年輕的博士班學生時，曾經看過厄爾・南丁格爾（Earl Nightingale）的《最奇妙的祕密》（*The Strangest Secret*）一書。因爲書中的一句話，我開始探索潛伏在我內心的力量；那句話就是：**終日而思，必成汝身**。而在本書裡，透過一整個晚上的對話，亞伯拉罕提醒我，這個奇妙的事實始終應驗，沒有例外。在我寫的書以及我有幸帶給這世界的成果裡，我認爲亞伯拉罕所帶來的啓發，也就是你現在握在手裡的這些內容，是我們這輩子最重要、最實用的資訊。對於那些懷疑此類睿智的指引不可能眞的來自無形領域的人，我希望你想想馬克・吐溫的話：「讓我們陷入困境的不是無知，而是看似正確的謬誤論斷。」

閱讀重現在書頁上的這場個人對話，我鼓勵你實踐我多年來一直遵奉的哲學——敞開心胸去接受所有的事物，但心繫於無物。當你閱讀這些文字的時候，**吸引力法則**就開始作用了，正如亞伯拉罕對我說的：「宇宙聽不見你說什麼，宇宙只聽見你的感覺。」

＊編按：亞伯拉罕是一群充滿愛的靈性存在，而非單一個體。

# 作者序

伊絲特・希克斯

從一開始接收到亞伯拉罕的訊息，我就知道這奇妙而美好的體驗之所以會出現，是因爲我丈夫傑瑞・希克斯的強大願望。他希望自己的生命能有價值，他希望能夠幫助別人、振奮人心、了解一切爲何會發生，以及爲什麼我們會在這裡。正因如此，亞伯拉罕的智慧才會透過我而傳遞出去。我知道其實是傑瑞喚來了亞伯拉罕，因爲他豐富的人生經驗，也因爲他收集了許多還找不到答案的問題。所以從一開始到後來的許多年間，亞伯拉罕給我們的教導主要都是在回應傑瑞的提問。但隨著時間過去，加入與亞伯拉罕互動的人愈來愈多，問題也愈來愈多樣化，於是亞伯拉罕的訊息也就變得愈來愈深且廣。

當全美最大的靈性書籍出版集團賀房出版社（Hay House）的董事長兼執行長瑞德・崔西（Reid Tracy）提議要辦一場活動，讓亞伯拉罕與偉恩・戴爾博士對話，我立刻覺得這是個讓人興奮的點子，因爲我知道戴爾博士一生都在努力發掘心中強大的智慧，我也很期待藉由他的引導，讓亞伯拉罕再作回覆。我相信這次的體驗一定會充滿力量。而它確實如此。它是一場頂尖的共同創造！

你們是強大的創造者。
你們不只是面對現實，
你們不斷在創造現實。

# 目錄

*Co-Creating at Its Best*

美好的事物會透過吸引力的軌道流向你。
讓自己回到軌道上，你就能重新感受到思慮清澈。
感受到價值。感受到樂趣、活力、渴望、熱情。
這就是你想要的生活。

# 前言　召喚亞伯拉罕，你聽到的就是眞實的一切

謝謝大家來參與我們的活動。* 我是瑞德・崔西，賀房出版社的董事長兼執行長。我在賀房出版社工作已經二十五年了，這是我自己也很期待的一場活動。有一天，我打電話給伊絲特，告訴她說：「我有個很瘋狂的想法。妳覺得讓偉恩・戴爾跟亞伯拉罕對話如何？就你們兩個人在舞台上。」

「太棒了。」伊絲特說。

* 本書内容主要是根據二〇一三年十一月十三日賀房出版社在加州所舉辦的一場靈性活動，加以記錄編纂而成，文字做了部分修正，以利閱讀。由於伊絲特所接受到的靈性訊息不一定都能以實際的話語表達出來，所以有時候她會創造新的字詞，以便表達看待生命的新方式。爲了便於區別，來自偉恩・戴爾博士的提問與說明在書中將以楷體字呈現。

「噢，很好，那我去問問偉恩。」我回答。

結果就促成了這場對話，眞的很令人興奮。我不再多說了，以下就歡迎偉恩・戴爾和伊絲特・希克斯。

†

伊絲特：謝謝。大家都準備好了嗎？

偉恩：我很高興能夠來到這裡，跟靈體對話。我已經期待了許多年。

伊絲特：有人問我，我們在這裡要討論什麼，我說「我不知道，我也不想知道」。我不想受到干擾。但我眞的很高興，能夠邀請像戴爾博士這麼傑出的人來跟亞伯拉罕對談。還有更好的安排嗎？這眞的是一場頂尖的共同創造，不是嗎？

偉恩：沒錯。大概在一九八七或八八年吧，有人送了我一組亞伯拉罕的錄音帶，我都仔細聽過了。然後大約十多年前，我認識了傑瑞和伊絲特，從此我就變成亞伯拉罕的死忠追隨者。我覺得他們所說的話是最有智慧、最深刻的教導。眞的。

伊絲特：偉恩幫我們賣的書比我們自己賣的還多。

偉恩：我真的很相信亞伯拉罕。當別人告訴你事實時，你會知道的，你的心會確實感受到那個事實。你知道你聽到的就是真實的一切。

伊絲特：是的。那就是共鳴。

偉恩：對，他們跟我起了共鳴，一直都是這樣。我聽了幾百遍，說不定有幾千遍了，每次都會產生共鳴。

伊絲特：我要召喚亞伯拉罕了。沒問題吧？

偉恩：妳需要衛星導航系統之類的東西嗎？

伊絲特：只需要一分鐘，清空我的思緒，他們就會對我說哈囉。如果你真的想要知道答案的話，你也可以召喚亞伯拉罕。我想你已經努力了好一陣子。

偉恩：確實，我真的常常有那種感覺。

伊絲特：好，我們開始了。

# 01 亞伯拉罕何許人也？

## 亞伯拉罕是一股集識，一種本源能量

亞伯拉罕，一開始，我希望你們先告訴我和所有讀者，你們究竟是誰？亞伯拉罕是什麼人？請你們告訴還不明白的人，包括我在內。

最重要的解釋是，我們是一股集體意識（Collective Consciousness），一種振動，跟你們所接觸過的其他靈性經驗沒什麼差別。但由於伊絲特多年來的專注，她已經進入了某種更接近我們的頻率，所以她能夠更清楚地聽到我們的聲音。

所有把意念投注在這個有形世界的人，都是**本源能量**（Source Energy）的延伸。而我們就是那個本源能量。然而，隨著你的每日體驗和你所看到的各種事物，儘管你並非刻意受影響，但通常你會發現你的振動頻率阻礙了你接收**本來的面目**

（who-you-are）的完滿。而我們就是那個完滿的振動。

有些跟我們接觸過的人試著用有形的話語來定義我們，但我們是無法被定義的。我們並非對著伊絲特輕聲述說，再由她複述我們的話語。我們只是提供了一套思維振動，而伊絲特則找到符合這些思維振動的有形文字。大家都能做得到。大家都可以接收到思維振動的啓發。然而，每個人的啓發可能來自不同的吸引力關鍵。你在心情很不好的時候也可以得到思維的啓發，但這樣的啓發並非來自本源能量，而是有形的經驗所帶來的思維振動。

因此，重點在於調整你的振動頻率，而且要常常練習，你才能接收到與本源一致的頻率。這就是最簡單的解釋。此外，我們要告訴所有人，你們一定都這麼做過，可惜無法持續下去，就連伊絲特也不是一直都處在接收得到亞伯拉罕訊息的頻率下。但在今天這樣的場合中，因爲眾人的期待，她很容易便能接收到我們的振動頻率。你們的願望發出動力，把我們帶過來，然後伊絲特把我們的振動、我們的認知，轉譯成文字。

所以你們其實是一組更高的頻率的振動集合。你們是上帝，可以這樣說嗎？

人類再怎麼努力也無法定義我們，正如他們也無法定義上帝。你們費了許多工夫，想要定義曾經以有形的身體存在而現在回到無形世界的人。

我們非常珍愛有形世界的人，但你們對生命的連續性有種奇怪的看法。大多數的人相信，你們進入這個肉體，活了一段時間，不管活得好或活得不好，然後你們就離開了。但事實上，你們永恆存在。你們從未真的離開。

即使當你們的焦點不在有形的身體，你們仍是意識，仍然關注著地球上發生了什麼事。而有一股集體意識對你們的一切都很感興趣、很想了解。那股能量就是人類口中的上帝。每個人其實都可以直接跟上帝溝通。

所以我常說，我們並不是享有靈性體驗的人類；正好相反，我們是無窮的靈性存在，只是暫時體驗人類的生活。

你站在**當下**這一刻，但你可以將自己投射到更高的振動區，在那裡你不覺得勉強，你不覺得沮喪，你什麼也不擔心，你讓靈感和啓發可以流向你。你不只是你以爲的你是誰。你是本源能量的延伸。你覺得思慮清澈，你有強烈的感受。你覺得時機到了。你覺得充滿樂趣。你覺得自己處在最好的狀態。

你的實相由你創造——你的思維發出了振動，而**吸引力法則**不斷回應你的振動。因此，只要你醒著，你就會創造出自己產生吸引力的關鍵，而你體驗到的所有東西之所以會來到你面前，都是因爲你發出的振動，以及吸引力法則對振動的回應。你就像是站在某種旋轉的磁盤上，唯有具有相同振動的東西才能跳到你的轉盤上。你的轉盤會根據你的思維和你感受到的情緒而改變。

藉由你的感受和你所關注的事物，你便選擇了你所站立的轉盤。你可以選擇一個充滿喜悅、愛和自由的轉盤。你也可以選擇一個悲傷或失望的轉盤。看看你都遇到怎樣的人，你就知道自己站在什麼樣的轉盤上。如果你周遭充斥著吵吵鬧鬧的人，你就站在吵吵鬧鬧的轉盤上。眞的就是這麼簡單。透過你的振動邀請，他們與你相聚於此。

你可以有意識地選擇這些振動的轉盤，然後你就能清楚了解生命中的每一件事為什麼會發生在你或他人身上。

02

# 什麼叫做靈性啓發？

## 你就是本源，是道，是聖心

多年前我寫了一本書，名爲《靈性啓發》（*Inspiration*）。幾千年前在這個星球上，有位偉大的導師叫帕坦伽利（Patanjali），他說過當你從某個偉大的目的或某個非凡的計畫中得到啓發以後，你所有的思維都會掙脫束縛，你的心智將超越限制，你的意識往四面八方擴展，你將發現自己進入全新而美好的世界。

然後他還說（這也是我想要問的），當你被啓發時，蟄伏在你內心的力量、才能和天賦都活了過來，你發現自己成爲一個更好的人，比你夢想過的還要更棒。你發現自己就像是上帝，你是本源，是道，是聖心（divine mind），或你們給這種本源能量取的任何名字。

我們近來曾解釋過，當你一早起床的時候，你會發出最純粹的振動頻率，因爲產生吸引力的關鍵在睡眠中不會運作，也就不會受到影響。所以當你一早醒來時，不要只顧著想昨天出了什麼錯或今天該做什麼，因爲這時候的你擁有最強的力量，能夠與純粹且正面的能量達成一致的振動頻率。

如果此時你可以集中意念，稍微開啓振動的力量，你的頻率就可以符合本源能量，而本源能量的意識一定能夠察覺到你在做什麼。你必須讓自己專注於達成一致的振動頻率。這就是靈性啓發最貼切的說法。

換句話說，**本源**隨時都在每個人身邊。我們總是在那裡。當你察覺到本源的存在，當你發出的振動不會妨礙你跟本源達成一致的振動，你就能享受這種美妙的時刻。你隨時都可以這麼做。人們稱這麼做的人是大師。但其實每個人都做得到。那不過是專注力的應用與掌握。如此而已。

# 03 思維的力量如何運作？

## 只要十七秒，吸引力法則便開始作用

我每天大概都在凌晨三點起床。很久很久以前，有個偉大的詩人叫做魯米（Rumi），他曾說：「清晨的微風有祕密要告訴你。不要回去睡。不要回去睡。不要回去睡。」

我寫了很多書，大多都是在晨起的時候寫的。是什麼把我叫醒了？我幾乎可以說出每日確切的起床時間。幾年前我拍了一部電影叫《轉變》（*The Shift*），裡面有個畫面，時鐘指在凌晨三點十三分。我每天差不多都在同樣的時間醒來。是天使在呼喚我嗎？或者是聖源？還是就像人家說的：「這是你的使命；這是沒有任何干擾的時刻。」是嗎？

我們要說的是，本源隨時都爲你而存在。但你的故事有個重點，也就是在那個晨起的時刻，你決定要聆聽。

但那時候沒有別人，只有我自己。

那場對話非常重要。那個時候有什麼？那個時候發生了什麼事，讓你產生更多的共鳴，接收到更多東西？其實是因爲你睡著了，思維停止運作，所以你心裡沒有任何矛盾的頻率。於是你會更容易聽見本源的聲音。

伊絲特一早起來的時候會對自己說：「我醒了嗎？如果我醒了，我就要起來了。」就這麼簡單。換句話說，因爲她在那個時刻沒有任何抗拒，所以她更容易接收到我們提供的訊息。那就是你要說的。

沒錯。但我發現我最有創造力的時候，是在夜深人靜的時刻。

想想看爲什麼會這樣。當一個思維在腦海中出現，只要持續短短的十七秒，吸引力法則就會帶來類似的思維。於是思維的力量便會持續下去。

這是什麼意思呢？吸引力法則會帶來類似的思維？什麼是吸引力法則？

比方說，早上起床時，相較於讓思緒放空，你反而開始想著昨天在工作上碰到的麻煩。你記得自己兩面不是人。你想到那種不舒服的感覺。你想到不和諧的關係。一旦你專注於那樣的想法，在十七秒的時間內，更多類似的思維就會出現在你的腦海裡。

如果你繼續想著那些事情，又過了十七秒，思維的動力會持續增強。再過十七秒，會產生更多的動力，直到超過六十八秒的臨界點。在這樣短短的時間內，你就錯過了跟本源產生共鳴的機會。

伊絲特最近就碰到這種情況，我們對她說：「沒關係，妳可以在隔天一開始的時候，多想一些正面的思維。」伊絲特回答說：「我可不想要等到明天才能回到我的振動轉盤上。我知道只要集中意念，我就可以回去。」

我們同意說，專注的意念可以幫助伊絲特回到正面思維的轉盤上，但在負面的動力啟動前，會更容易做到；等到負面的動力開始了，要回到正面的思維就會比較困難。

接著我們必須解釋一下**吸引力法則**，因爲它是掌管一切的振動引擎。而若要解釋吸引力法則，就不能不提到動力，也就是思維的力量。如果某個想法在你腦海裡停留夠久的時間，它就會變成強大的思維習慣，也就是信念。信念只是你們一直在重複的思維模式。

有時候無益的想法和信念會一直縈繞在你心頭，但在你剛起床的時候，這些念頭還不夠活躍，所以你可以找到新的想法和信念。而來自本源的信念就是你**本來的面目**和你眞正的知識。

如果我在醒來時想到正面的思維，例如：我要解決這個問題……？

那就太好了，接著你要讓思維的動力開始運作。

十七秒的規則也適用於此嗎？

十七秒的規則適用於所有事物。不論你是否能察覺到，只要你承認吸引力法則會回應你所發出的振動，思維的力量就開始運作了。因此，如果我們是你，當我們覺得某個思維感覺很不錯時，我們就會專注於它。我們會持續思索它。我們會討論它。我們會把它寫下來。我們會跟別人談論它。我們會刻意地增強那股動力。如果是讓人感覺不好和不安的思維，我們就會盡力去調整它

你的思維愈具體，動力愈強大。你的思維愈模糊，動力愈渙散。

伊絲特記得自己曾經開車到舊金山某座小丘的山頂。她難以相信當地人眞的每天都在那個斜坡上開上開下的。想想看，把車子停在山頂上，不要打檔，鬆開煞車。再想想看，假如你輕輕推了車子一下會怎麼樣。嗯，你知道會怎麼樣，只是輕推一下，車子就會順勢衝下坡了。

但如果你在車子剛起步時馬上站到車子前面，你便可以輕易地停住車子。你可不希望車子都衝到了半山腰，你才想辦法要去攔住它。

思維也是一樣的道理。每個思維都是一種振動，吸引力法則會回應所有的思維振動，因此思維只會愈來愈強。問題是：那是你要增強的思維嗎？

切記，吸引力法則只會讓思維不斷增強。

## 04 努力眞的會讓事情有所不同？

### 行動和話語無法改變思維的振動

我常常提到「我是」（I AM）的說法。「我是」是本源的另一個名字。如果你覺得自己很脆弱，但你的思維說我是強壯的，我很好，我已經痊癒了，我是富足的，我是充滿正面能量的，我是充滿愛的……我指的就像是聖經約珥書裡的話，「軟弱的我變剛強。」

這聽起來很合理，努力與否確實會讓事情有所不同，因爲凡事皆有兩面：擁有你想要的，和缺乏你想要的。但假如你覺得自己不夠強壯，卻硬要說「我是強壯的」，你眞正啓動的是哪一端的思維？

你覺得需要非常努力的時候，通常也意味著你必須克服你實際上發出的思維振動。因此事情往往不會如你所願，反而會引來相反的結果。換句話說，你想用這些肯定句跟行動來彌補與你想要的東西相反的振動。但你的話語無法抵抗那股洪流。正因如此，你才會覺得需要更努力。

說肯定的話語很好，但你要確定在你說出肯定句的時候，你是眞的覺得很好，因爲宇宙聽不見你說什麼，宇宙只會聽見你的感受。

**宇宙也會回應你的感受，對不對？**

沒錯。而你也會因此知道你的感受。如果你覺得脆弱，卻宣稱你很強壯，那麼不論你喊得再怎麼大聲，宇宙只聽見你要求你沒有感覺或你不相信的東西，所以你才會覺得很辛苦。

這就好像你走到了河邊，把獨木舟推進水裡，你想往上游划去，你拚命划槳，因爲你相信爲了到達目的地，一定要經歷苦苦掙扎。但吸引力法則提供的是阻力最小的路徑。

你就是本源能量，有一條簡單自在的軌道時時在等著你。那就是阻力最低的路徑，你可以感覺到自己上了軌道，也可以感覺到自己脫離了軌道。如果你常常得賣力宣稱自己走在軌道上面，很可能你早就已經脫離了軌道，你只是一直想辦法要回去。有時候，倒不如停下來休息一下，調整自己的振動頻率。

05

# 我們可以選擇我們的生命嗎？

## 在你來到地球之前，你已經做了選擇

我有一個很重要的問題，不同於其他問題。

是這樣的，在眞的生養小孩之前，我有八個關於如何教養孩子的理論。後來我有了八個孩子，這些教養理論也離我遠去。我有一個女兒，她叫莎倫娜。她九歲或十歲的時候，常常抱怨我這個做父親的，還有我教養他們的方式，她一天到晚說我這件事做得不好、那件事做錯了。

聽了亞伯拉罕的教導之後，有一天，我受不了她的抱怨，我對她說：「妳知道嗎，如果妳不喜歡我這種父親，妳不應該怪我。妳應該好好想想，問問妳自己爲什麼要選我當妳的父親。」

聽完我的話，只見她雙手叉腰，朝我翻翻白眼，就是十歲女孩會有的那種表情，然後她說：「你的意思是說，事實上是我選了你當我的父親，選了媽媽當我母親？」

「沒錯。在妳做出這麼重大的決定時，應該要更謹慎一些。」我說。

你還應該說：「是妳讓我變成這種父親。妳的期待如此強烈，我無法抵擋。我們似乎處在一個彼此指責的振動點上。」

最後她說了一句話，也是我這輩子從孩子口中聽到最棒的答覆。她說：「好吧，我一定是太匆忙了。」

所以，亞伯拉罕，我要問的是：「在我們來到這個有形的世界之前，我們能夠知道我們會有什麼樣的父母嗎？我們可以選擇嗎？」

可以。

怎麼選擇呢？

有一條強而有力的軌道。它也是一項平凡但充滿力量的計畫：你知道你要來到這裡，你知道這個地球上的多樣性很美好。你知道多樣性會帶給你啟發，讓你明白個人新的喜好。

但你們說我們早就知道了，要怎麼知道呢？我的意思是，那時候我們還沒有腦袋，沒有身體。是無形的……

腦袋跟意識和知曉有什麼關係呢？

我想你們才有辦法回答這個問題。

大腦是你們現在用來投射注意力的機制。但在你們所謂的大腦機制之外，還存有意識。那就是我們一直在講的頻率。一種振動。一種能量。一種思維。最後，一旦它們產生足夠的動力，你們就會感受到情緒。我們要告訴大家的是，你們所感受到的情緒是思維振動具體的顯現。但在情緒告訴你你是否接近本源能量以前，就已經有大量的動力存在。

因此，在你進入有形的身體以前，你就已經是意識。你亟欲將意識投射到有形的身體，因爲你知道在有形的身體裡，跟那麼多美好的有形存在共享這個時空實相，你會得到啓發，你會產生新的想法。你會獲得轉化，因爲你是永恆的存在。你知道進入有形的身體，被地球上的多樣性與各種對比包圍，你才會得到刺激並產生新的想法；沒有新的想法，永恆就終止了。但是你知道永恆不會終止。你知道這個時空實相會持續激發出新的想法。所以你感受到存在的完滿，你也明白自己的絕對價值。

對伊絲特和所有人來說，傑瑞轉化進入了無形的世界，而這件事最大的好處就是，伊絲特現在能夠敏銳地感受到傑瑞的持續存在，還有他的覺知，以及他對於她現在正在做的事充滿興趣。她能夠感受到他的意識，她能夠感受到自己與他的振動契合。如果她走上了一條跟他的振動頻率不相符的道路，她也能夠感受得到。你們看，傑瑞就是一個持續存在的無形意識的例子。

大家都相信，生命的連續性就是一代接一代地繁衍下去。但這不是眞正的生命連續性。眞正的生命連續性是指你進入有形的身體，探索對比和多樣性，找到你有興趣且能夠讓你開心的事情，你覺得驚奇且受到鼓勵，你會持續產生新的願望。讓你感興趣的事物，以及你所產生的新的願望，在你回到無形的世界後，並不會停止。相反的，你加入了無形意識的隊伍，繼續關注你在所謂的死亡以前就感興趣的事物。但現在，從無形的角度，你的興趣不會遇到任何阻礙。你再也不會覺得懷疑或沒有價值。現在你是純粹的正面能量。

你所體驗到的興奮和激動，正是我們對於你的體驗充滿熱情的證明。你以爲這樣的興奮激動是你個人的，但事實上是你和我們的感受起了共鳴。我們是無形的存在，無形的意識，但可不是沒有頭腦、沒有情緒或不感興趣。

## 06

# 死亡表示一切消失和結束嗎？

## 死亡是清澈、圓滿、踏實與價值

我知道在不受時間所限的世界裡，沒有以前，也沒有以後。就像你們剛才說的，傑瑞只是離開了有形的世界，進入無形的世界。我母親不久前也離開了有形的世界。她還會認得我嗎？

她認得你，而且是每一天、每一刻。但你必須調整自己對母親的認知，因爲當她重新進入無形的世界，她便拋下了所有的疑慮、恐懼和擔憂，以及她在有形的道路上所發展出來的人格特質。

這也是爲什麼我們要提醒你們，在你們一早起床的時候，你們具有很大的能量可以按下重新設定鍵，調整自己的振動頻率，而那正是你們回到無形的世界會發生的事。按下重新設定鍵不會讓你們失去原本的興趣。事實上，你們的興趣會比從前更加敏銳。然而，如果你只記得你母親還在有形身體裡的模樣，也就是她尚未拋開一切阻力前的模樣，你就無法跟她產生共鳴。

今年夏天，在我母親過世不久後，我去了蘇格蘭的格拉斯哥。我感覺她跟我在待同一個房間裡。

對。她在等待你停止抗拒。

那是她過世以後，我第一次有種做白日夢的感覺，很清楚的夢。她享年九十六歲，但在我夢裡她只有四十多歲。我把車子開上屋前的車道，下了車走上前去打開門，但是有一道以前並不存在的紗門，我打不開那道紗門。

紗門代表你已經習慣的阻力。

然後我母親把紗門打開了。她把門往裡面拉開。我說：「妳不可能在這裡。妳不能在這裡。妳已經死了，妳死了。」我這麼說的同時，她就開始消失了。

所以你能看到她的改變。

她變老了。手臂從四十歲女人的樣子變成九十六歲的樣子。

嗯，我想她會希望你忘記這一段。

我把這個經驗跟露易絲・賀（Louise Hay）說了，她是我跟伊絲特的好朋友。她說我母親不能留在我身邊，因爲……

不是她不能留下來，是你看不到她。是你無法察覺到她，不是她不存在。

所以，這就是死亡的概念。

沒有死亡。

對。

只有生命，無窮的生命。死亡的概念等於清澈、熱切、有趣、圓滿、踏實、確實、價值、熱情和興趣。所謂的死亡是指這些感受比以前更清楚！在有形的身體裡，她無法了解你有多美好，但現在她明白了。過去她不知道你有多好。過去她也愛你，但她現在愛你的方法不一樣了。

我感覺到她了。

# 07

# 如何釋放阻礙人生前進的怨恨？

## 他的愛比你的恨更強大

我想分享我小時候的經驗。我在十歲以前住過好幾個寄養家庭、孤兒院之類的地方。我父親拋棄了我們。他坐過牢。他不是個好人。他丟下我母親跟三個不到四歲的兒子。他就這麼消失了。說來話長……

那是你的計畫。那是你要的軌道。就你的存在而言，你是一個自由的追尋者，你不想讓別人告訴你該怎麼做。

對，我常聽到我的孩子這麼說。我認爲，當一個孩子說「你不要告訴我該怎麼做」時，他並不是一個被寵壞的小鬼頭，只是一個呼喊「我要自由」的正常人。

他們在說的是：「我是獨立的人。我來到這世上有很重要的目的。我得到本源的引導。我要找回我本來的模樣。」

我從來沒見過我父親。從小我就痛恨這個拋棄我們的人，他從未回頭，從沒養過我們，也從來沒問起他的三個兒子。我是最小的。

他已經扮演完他的角色。他讓你進入這個有形的世界。許多爲人父母者甚至會做得更糟糕。

是我選擇他做我的父親？

對。你是有意的。

我生命中最有意義的時刻，是一九七四年的某一天，那年我三十四歲。而那一天，我開車到我父親的墓前，他葬在密西西比州的比洛克西。在那之前，我酗酒、體重過重，我的人生早已失控。我沒有好好照顧自己。我是個作家。我寫了幾本教科書。但我沒有機會去寫我眞的很想要寫的東西。就是沒有機會。

你太憤怒了。

對，我渾身上下都充滿怒氣。我幾乎每天晚上都會從睡夢中驚醒，滿身大汗，尖叫著跟他搏鬥。

一九七四年八月三十日，我去了他的墓前，我眞的很想要把他的墳墓給砸了。我在那裡大概待了兩個小時吧，然後就準備開車到紐奧良，再打道回紐約。但有個東西把我叫了回去。

你已經離開了才又轉回去？

我才上了車，就聽到有個聲音對我說：「回墳墓那裡去。」我回到他的墓前哭個不停，淚停了，我決定原諒我父親。我說：「從這一刻開始，我會給你我的愛。」之後我拍了一部有關他的電影，我稱他是我最偉大的老師。

接著，我生命中的一切都改變了，是一百八十度的大轉變。我的寫作事業起飛。我寫了一本全球暢銷書。在我釋放憤怒之後，我得到了……

你覺得爲什麼會這樣？那是因爲他一直在你身邊。他一直愛著你。他一直以你爲榮。他一直很珍惜你。

眞的嗎？

因爲他是本源能量。所以他有這些感覺。

即便他還在這個地球上的時候也是如此？

噢，不是。那時候他整個人都在狀況外。

對啊，他幾乎都在坐牢。

一旦他重回無形的世界，他就處在純粹的正面能量之地。他的影響也因此變得強烈。你想要了解一切，你想要讓這一切變得有意義，你想要放開這些阻礙你的力量。你的願望愈來愈強烈。換句話說，當你原諒了你父親，你就放開了讓你無法與本源達到振動一致的阻力。

這其實跟讓你感到憤怒的實際問題沒有關係。儘管感覺有關，但那是因爲你把注意力都放在那些問題上。所以我們要問你：你覺得那一天發生了什麼事？你帶著什麼強烈的願望去到那裡？你能說說看嗎？

是的。我可以明白地說，我去那裡是因爲我要看到他的死亡證明。我還想知道他是否承認自己有個叫做偉恩的兒子。我只想知道這件事。

所以當時你的怨恨仍然非常強烈。

還有其他原因驅使我這麼做。我的兩個哥哥完全不在意這件事。我母親也從來不提起我父親的事。她只說他是個王八蛋。她從來沒講過這麼難聽的話。

驅使你這麼做的，是追求完滿的軌道。驅使你這麼做的，是你明白你生來不是爲了要依靠別人。你也不會拿別人作爲無法達到與本源振動一致的藉口。

因此，那一刻你放掉了怨恨。或許是因爲事情已經太久遠了。或許就是感覺微不足道。或許你覺得這件事很荒謬。或許是這場鬧劇上演太久了。或許是有個重新設定的按鈕。也或許你有了新的願望，而那個願望比舊的信念更強大，它勝出了。那是來自內在的願望。

我們寫了幾本書，每本書裡都提到轉化的過程，而每個過程都是爲了幫助你找到釋放阻力的方法。有些過程可以幫助你面對阻力。然而，有時候如果你直接衝向阻力點，可能只是火上澆油，因爲原來的思維習慣，也就是原本的信念，會產生抗拒。

總之，你停止了長久以來的抗拒，你在那一瞬間感覺到**本來的面目**的完滿。你感覺到強大的愛，透過你無形的父親流向你，灌注在你身上，等待你去感受它。

我們認爲最好的形容是，他的愛比你的恨更強大。他在你的恨漸漸消退時攫住了你。你感覺到了。再沒有比這更偉大的訊息了。那正是我們時時刻刻都想要傳達的訊息。

每個人都想要被療癒。你們想要找一個可以幫助你們的人。而我們說，本源的能量一直流向你。不需要其他人來做本源已經在做的事。但如果有人可以幫助你化解阻力，你就更能夠接收到從本源流過來的愛。只要一點點的振動，就可以發揮效用。就像你說的改變一生。你的人生快速改變，因爲你回到了阻力最小的路徑上——你成爲充滿愛的人。拋下仇恨，你踏出了一大步。

**另一邊的世界只有愛嗎？**

對。

**只有愛？**

對。只有愛。只有純粹的正面能量，愛、清澈、熱情和熱切。

## 08 怎麼樣才能確定我真的想要什麼？

### 知道你不想要什麼，你才能知道你想要什麼

有時候我在演說中，會提到超越二元性的想法。有形的世界都是二元性的，上跟下、好與壞、男與女、東與西……

那樣的分別可以幫助你專注於你想要的。也就是說，如果你不知道你不想要什麼，你就無法知道你真的想要什麼。我們稱那是創造過程的第一步。對比就是你們所謂的二元性，它能激發你發出問求（ask）。但人類往往停留在來來回回、上上下下的生活模式裡，結果只是讓思維的振動變得很混亂。你希望對比能幫助你發出問求，但你不希望自己的人生只有如此。問求只是第一步。

所以當我走出這一切，等我嚥下了最後一口氣，進入無形的世界，就沒

有對比了嗎？

無形的世界也有對比，但從你們有形的角度來看，那樣的對比跟你們已經習慣的阻力比起來是微乎其微的，幾乎難以辨識。

對比是什麼意思？

對比是指多樣性，也就是差異。知道你不想要什麼，你才能知道你確實想要什麼。如此一來，你才能發射出願望的振動。

創造的過程有三個步驟。首先是問求，而藉由對比你會知道你想要什麼。第二步則是本源接收到你的振動請求，立刻發出相應的振動。所以我們說「有求必應」。

但人類所要求的東西往往不符合他們所發出的振動。就像是你剛才說的，你想要感受到原諒，但你停留在感覺很不一樣的地方。讓你覺得不好受的，就是**振動的差異**。

第三步則是我們所謂的**隨順**（allowing）。你必須找到方法與你想要的東西達成一致的振動頻率。從更廣大的體系來看，那便是阻力最小的道路；但如果你心中充滿怨恨或恐懼的思維，那就不是阻力最小的路徑，因為當你抱持這樣的思維，你便很難找到那條路。這也是為什麼最終你會再度進入無形的世界。

當你能夠弭平你的願望和本源能量之間的振動差異，你的振動就能符合你的願望，你便能接收到啟發。然後你會開始看到你想要的東西。

近來我們常在討論產生吸引力的關鍵。大多數的人不知道他們會發出振動信號，而每樣來到他們眼前的事物，其實都是為了回應他們所發出的信號。我們說那是你們產生吸引力的關鍵點。

當你想要某個東西，你的情緒就是清楚的指標，指出你的願望和你對那個東西的想法之間，具有怎樣的振動關係。每個人都具有**情緒引導系統**，它是由你感受到的所有情緒組合而成，有恐懼和失望，也有感覺沒那麼糟的情緒，比方說意興闌珊或不知所措，還有感覺更好的，例如希望、愛、喜樂和感激。情緒給你的感覺愈好，你目前的想法跟願望之間的振動差異就愈小。

當你感受到某種情緒時，比方說你的脾氣突然變得很壞，這時候你就像是站在某個壞脾氣的吸引力轉盤上，只要你繼續留在那個轉盤上，你很有可能會碰到其他同樣脾氣不好的人。也就是說，如果你一整天下來碰到了很多脾氣不好的人，你最好要明白，你自己正站在壞脾氣的轉盤上。那是你產生吸引力的關鍵，也是你碰到那些人的原因。伊絲特形容說這些轉盤就像是白雪公主裡的七個小矮人。有壞脾氣，也有開心果，還有愛生氣。她現在已經收集了兩百個小矮人。它們是被動攻擊的轉盤……

了解你會產生吸引力的振動，而且你可以控制它，是很有幫助的。每天早上醒來時，就是最好的練習時間。要轉化產生吸引力的關鍵不需要很久的時間，二十天、三十天、四十天、五十天都可以，只要你一早醒來之後不要抗拒，盡量保持開啓的狀態，你的感受以及進入你體驗的事物就會變得很不一樣。你會開始接收到清楚的指引和美好的證據，例如感覺良好的情緒，好的想法也會開始流向你。

當伊絲特開始有意識地體驗到這種轉變，同時看見晨起的專注所帶來的好處時，她說：「這是創造過程的第四個步驟吧！」因爲當你站在吸引力的轉盤上，吃完早餐後還沒掉下來，一路到了午餐，然後持續一整天，你就能看到發生在你身上的美好事物與專注於這樣的振動之間密切相關。然後，唯有在這個時刻，你才能夠有意識地與無形世界共同創造。

現在我們來談談你剛才提到的無形世界中的對比。那確實是一個好問題。

你看到自己站在高速轉盤上，感覺眞的很好。你已經站上去一陣子了，生活體驗中也有確鑿的證據，證明你還站在那上面。你碰到的都是好人，通勤時交通順暢，停車位也很好找，最重要的是，你心中一片清澈！你完全不覺得困惑。不論是生活的哪一方面，你都覺得非常順利。你也看得出來，如你所說，你自己已經轉變了。你的振動出現戲劇性的變化。而因爲你的努力，你得以維持那樣的振動。你不斷練習，所以你便擁有它了。它是你的了。

然而，即使振動已經協調一致，你仍然會碰到問題，因爲仍然有對比的存在。但現在不一樣了，這些問題不會把你從轉盤上拉下來。它們看起來反而像是機會，像是什麼有趣的東西，像是你想要思索的東西。它們不會讓你無所適從，也不會壓垮你或打倒你。現在，對比只是一種選項或選擇。

你要了解你是振動的存在，然後用心地發出你想要的振動，看看萬物如何回應你的振動——這是多麼美好的事。

**在有形的世界中，能否達到只有愛和喜樂的境界，而沒有對立？**

你其實不想要那樣，因爲如果沒有對比，擴展也會停止。而擴展對永恆來說是不可或缺的。也就是說，沒有選擇，就無法變得更多。無法變得更多，我們就停止存在了。

# 09 爲什麼這世上有這麼多暴力？

## 有形世界的恨讓無形世界的愛更強烈

在我們的星球上存在著許多暴力。當我前往我父親的墓地時，我心裡也充滿了暴力。

切記，持續的憤怒與失望的情緒是有所差別的。報復的情緒與愛或喜樂或感激的情緒也有很大的不同。

我們寧可看到你覺得想要報復，而不是失望心死。我們寧可你一心報復，而不是覺得內疚退縮。我們寧願你覺得不知所措，而不是被擊垮。希望的感覺又比不知所措好，愛又超越了希望。

換句話說，你的振動可以一直改善，那才是我們的目的。本源能量持續帶來愈來愈高、愈來愈純粹的振動，而你藉由對比選擇了你想要走的道路。

人類常常誤以爲本源不再擴展，本源已經臻至完美，而人類的目標則是要成就完美。事實上，本源會擴展成更偉大的愛，因爲那是人類生活的根本。

世界上大多數的人都不幸地生活在恨裡面，你們發射出的願望讓本源來到新的高峰。也就是說，無形世界的愛變得愈來愈強烈了，因爲你們所在的世界充滿了恨。那就是我們所謂的擴展。

然而，如果你跟你創造出來的願望沒有一致的振動頻率，就無法實現這樣的價値。一旦你的振動發射出去，新的願望出現了，本源就再也不會停在過去的振動。因此，爲了與本源達成一致的頻率，你必須朝著更高的振動前進，實現目標。那就是我們所謂站上振動的高速轉盤。

有時候伊絲特會開玩笑地說：「亞伯拉罕，我心情不太好，我覺得你們應該降低振動來配合我。我知道我之所以會感受到負面的情緒，是因爲你們的振動比我高出很多。所以你們應該下來，到我這裡來，這樣我就不會覺得與你們分離了。」而我們會回答說：「我們不會下去的。妳得跟上來。」

所有人都應該往上提升，不是嗎？

沒錯。當你們回到無形的世界，也就是當你們體驗到所謂的死亡時，你們都會往上提升。但我們不覺得你們非要等到翹辮子了，才能感受到快樂。我們知道你們現在就可以跟內在的本源達成一致的振動。

# 10 想著美好的事物就會覺得比較快樂？

## 只要一點努力，你就可以掌控自己的振動

我們其中一、兩個人，或幾個人，很貼近本源能量，享受神聖的愛……但我們能影響幾百萬人嗎？

可以的，因爲只要一個人連接到了本源能量，他的力量會比幾百萬沒有連接到本源能量的人更強大。但重點是，人們必須願意去接受他。就好比說，你的母親是一股純粹的更高振動，但她一直得不到你的注意。換句話說，她是純粹的正面能量，每天都關注著你，但除非你進入她的頻率，否則你聽不到她的聲音。

那就是回歸本源的方法。本源能量的振動頻率很高，你的頻率要靠近它，你才能感受到它。如果你感覺不到它，你就無法認識它。光聽我們的教導，你無法接近

它。沒有人聽了你的話就能與本源產生連結。沒有什麼東西可以替代釋放阻力的親身體驗，就像你那天在父親墓前的體驗。這世上沒有足夠的話語可以解釋那到底是怎麼回事。

沒錯。

你釋放了內在的阻力，就在那一刻，你跟本源能量契合了，你跟你父親的振動契合了，懂了吧。

身爲人師，我的任務就是要說清楚，幫助別人了解。我的意思是，我所經歷的那種體驗，應該可以說是原諒，而我的一生因此轉變了，並影響了數百萬人。

但爲什麼你要花那麼久的時間才做得到呢？我們的意思是，如果人們只想著感覺比較美好的事物，他們就會覺得比較快樂。但就像伊絲特一開始對我們說的：「亞伯拉罕，我不想要的事情眞的發生了，是眞的。那麼我不應該想嗎？」

我們跟她解釋說，這世上有很多眞實的東西，當你們把注意力放在某些事物上面時，你們會感覺很好；當你們想著某些事物的時候，你們可能會覺得很可怕。你們要選擇你們專注的事物，因爲當你專注的事物讓你覺得很可怕的時候，你就處在崎嶇不平的路上，與本源失去了連結。當然，本源不可能眞的離開，因爲本源會一直透過你而感知生命，但有時候你的振動頻率會讓你抗拒本源的振動，你會覺得脫離了本源。你將因此錯過了許多覺察的機會，你將看不到很多美好的事物。

**比較貼近本源能量的人，可以在家庭或社區裡發揮影響力嗎？**

當然可以。

**但那不是亞伯拉罕的任務嗎？**

當然是我們的任務。不過你們也必須準備好。你們的振動頻率要能夠靠近我們。你不能把收音機的頻道轉到九十八台，卻期望聽到第一百台的節目。振動頻率必須相符才行。當事情不順利的時候，很多人會怪罪自己。他們貶低自己。而我們希望你們明白，只要一點努力，你就可以掌控自己的振動。這也是爲什麼我們要特別強調早晨的思維。找到一些感覺不錯的思維，專注於它們，直到思維發出動力。你可以注意接下來的一整天，你的生活遭遇是否因爲這樣的思維練習而變得不一樣了。過了三十天，你就會明白我們的意思。

# 11 我們想什麼就會得到什麼嗎？

## 宇宙聽不見你說什麼，宇宙只聽見你的感覺

睡前的五分鐘要做什麼好呢？我常告訴人們，在你快要睡著的時候，你的潛意識會開始編碼。如果在睡前的五分鐘，你想到所有出了差錯的事情，你想著爲什麼某件好事不發生，爲什麼某個案子一直不見起色，爲什麼你會缺錢，以及爲什麼你會生病，這不就是在給你的潛意識編碼嗎？等你一覺醒來了，宇宙給你的體驗就會符合你放在潛意識裡的東西。

對，你說的沒錯。

所以我覺得，睡前這五分鐘的時間，就像是把所有的「我是什麼」都放進潛意識裡面。我是滿足的。我是……

但是要注意了，如果你這一整天下來感覺並不好過，在睡前的最後五分鐘你卻說出不一樣的東西，那是行不通的，因爲宇宙聽不見你說什麼，宇宙只聽見你的感覺。所以要擁有眞正美好的感覺，最好的時機是經過了一整夜的振動和緩之後，而不是在一整天的思維振動之後。

說得好。

當然，說正面的話語肯定是比較好的。但你有沒有發現你偶爾會懷疑自己的思維？有時候人們會覺得是思維在想著他們，而不是他們在想著思維。如果你的思緒很負面，那就盡量不要過於執著，不要想太多不好的細節。

假設你要睡上八個小時，不論你用什麼思維塡滿你的潛意識，在這八個小時的時間裡，你都會沉浸其中。是嗎？

不一定。那就是我們要解釋的重點。當你處於無意識的狀態，吸引力法則和它的動力會停止作用。當你醒來的時候，則會重新凝聚注意力，你的思考習慣、你的信念、你的傾向都會從之前停止的地方再度開始……但你要明白，一旦你找到新的軌道，就能改變這一切。

有個人曾經告訴我們一個很棒的體驗。他說他會刻意在振動感覺比較好的時候醒來，一整天都維持著那樣的振動。他說他這麼做已經持續了六十或七十天了。他告訴我們：「現在我好像被拴在那裡了。有時候我也會往下沉，但就好像有條繩索會立刻把我拉回來。」

我們說：「那條繩索正是我們所謂的無形的你。」你被拴住了。拴在純粹正面的能量上。你過去總是不讓自己進入那樣的能量，你一直在抗拒，你快要把那條繩索給弄斷了。你在對你無益的振動裡搖搖欲墜，那並不是你**本來的面目**。不過，要恢復那條繩索的彈性並不難。

這是一種學習的過程嗎？我的意思是，就像我們小時候，別人會告訴我們可以做什麼、不能做什麼，什麼有可能、什麼不可能。

對，但其實那些人什麼也不知道。他們站在低速的轉盤上，他們只會讓你面對無可避免的失敗，因爲他們認爲你必須面對失敗。小時候的你一點也不喜歡這樣。你一開始就抗議了。你內在的本源認識你**本來的面目**，它會一直提醒你你是什麼樣子。那也就是爲什麼有時候你在凌晨三點十三分，會體驗到某些啓發與靈感。

## 12 如何改善不和諧的親子關係？

### 孩子來到這世上是為了教導你們

詩人華滋華斯（William Wordsworth）說過：「我們的誕生只是一睡一忘……在我們嬰兒時期，天堂就在我們左右。」

忘記表示你不記得過去的細節。但你記得你的價值。你知道你懷著什麼目的而來。那就是爲什麼在生命一開始的時候，當人們試著告訴你與你的價值和目的相反的事情時，你會無法接受。但過了一段時間，他們會讓你逐漸適應，讓你放棄回想。但你可以想起來的。就從明天早上開始。

正是如此。但這世上所有爲人父母者，常常限制小孩說：「你做不到的。」「那是不可能的。」

如果要我們鼓勵父母親做一件事，那便是專注選擇你的情緒轉盤，讓你的振動頻率符合你**本來的面目**，然後再去跟孩子溝通。不要讓當下的問題選擇了你的情緒。不要因爲孩子的行爲或反抗而影響了你的感受。

看到你不想要的東西，會讓你選擇了你不想要的情緒。有些人一輩子都活在恨裡面，正是因爲如此。但你可以選擇你想要專注的目標，因爲你想要感覺到快樂，由此而生的話語也會符合快樂的感覺。要記得，每個人都有一個**內在的自己**。

你**內在的自己**知道你想要什麼。它在這個振動實相中不斷旋轉。它知道一切你想要的東西，以及你目前的思維跟你想要的東西之間是什麼樣的關係。它也知道阻力最小的路徑在哪裡。當你開始練習走在這條路徑上，你也能夠引導別人。

我們能從嬰孩身上得到什麼嗎？我的意思是，我們能向孩子學習嗎？

可以的，你們可以透過跟小孩子相處而學習到生命的智慧。他們都知道。

沒錯。最近我常跟一個叫做傑西的小男孩在一起。他才兩歲……

你能感受到他的智慧。

確實如此。

他的知識，他的愛。

我眞的很愛這個小男孩。我帶他去游泳池玩水，就我們兩個人，我看著他的眼睛，我問他神的事情。我問他本源能量的事情。我說：「跟我多說一點。」

他要說的只是：「你太在意這一切了。」還有，「不要叫我想我還不願意想的事情。」以及，「我才剛來到這裡，到目前爲止我覺得還不錯。」「我希望每個人的感覺都跟我的感覺一樣好。」「在每一天的生活體驗中，我都希望保持跟本源能量的契合。」「跟像你這樣重新與本源連結的人在一起很有趣。跟你相處很舒服。你跟大多數人不一樣。你感覺很像我知道的那種狀態。所以我才會被你吸引。」以上都是他想要說的話。

那實在太令人驚異了，亞伯拉罕。第一次見到他時（他當時才五、六個月大），我就有種熟悉感。不光是因爲他是個可愛的小男孩。我在他身上看到了自己，我也是個小嬰兒。

因爲你跟他的振動相符，你感受到共鳴。也就是說，他打開頻道，輸入訊息，發出振動。他一直保持與本源的連接。你看，他還拴在那裡。

他爲我帶來無比的喜悅，想到他跟他的小臉就讓人很開心，還有他的笑聲。

新生命來到這世上，爲世界帶來無比的價值。你們以爲你們在這裡是爲了教導他們，但事實上他們來這裡是爲了教導你們。他們跟動物都會讓你們更加明白吸引力的轉盤是怎麼回事。他們在對你說：「別搞砸了。」

而我們眞的搞砸了。

你們不是故意的。你們不一定會搞砸，但假如你們眞的搞砸了，你們也不會覺得好過。當你們偏離了**本來的面目**的振動，你們會有種斷了線的感覺。等你們再度接上線了，才會覺得鬆了一口氣。如果你們想要練習不再與本源斷了線，可以先選擇一些你們覺得面臨阻礙的事，叫自己不要那麼執著——看看會發生什麼事。

這是什麼意思呢？

舉例來說，讓我們回到過去，當時你還沒到你父親的墓地前自白，你也還沒有跟本源達成一致的振動，你還在生你那不負責任的父親的氣。你飽受煎熬。你感受到強烈的不和諧。你不想要那種感受，但你沒辦法改變過去。你無法改變那些關於他的故事，你似乎也無法改變你自己的感受。你內心有股強大的動力，但你不喜歡那股力量。

但你可以試著改變思維主題，想一些讓你感覺比較好的事情。不過親子關係非比尋常，你還是會忍不住想到你父親。看到別的父母親帶著孩子的畫面，就讓你想起了這件事。儘管對你而言，找到方法去緩和那股難受的動力是很重要的，但你還是常常說：「我眞不敢相信他就這麼離開我們。我眞不敢相信他就這麼拋下我們。」隨著這種想法的不斷出現，負面思維的動力也變強了。「他甚至從來沒有回頭。我不覺得他在乎我的死活。我不認爲他關心我。他確實從不在乎別人。他才不管我母親。」現在負面的動力變得愈來愈快了。

這類的想法愈多，負面的動力愈強，你覺得愈不快樂。你讓強烈的負面能量推著走，你讓自己一直無法跟**本來的面目**保持一致的振動頻率。

假設你現在明白你不想要那樣。或許是因爲你聽了我們說的話。於是你對自己說：「我想要改變我對這件事的感受。我眞的不知道我父親在想什麼。我不知道他的世界是什麼樣子。沒有人眞的跟我解釋過他的感受。或許他覺得遭到背叛。或許他不覺得有什麼可以給我們。他可能覺得我們沒有他會過得比較好。我不知道他實際上在想什麼。我知道是他讓我進入這個時空實相。我很高興。我也知道過去我碰到很多不同的事物，我相信這樣對我是好的。我也知道放手以後，我會感受到明顯的釋放。我不相信本源能量是恨他的。」

我同意。

「我不認為本源會把焦點放在他不好的地方。喔，或許那就是為什麼我覺得這麼難過的原因。因為我對父親的看法跟本源對他的看法並不一致。」

如果我走出那樣的思想枷鎖呢？

你會重新看見本源對萬事萬物的看法。

我父親呢？他會在那裡嗎？

在。就在那裡。不需要任何解釋。你不必渴望有個結局；沒有結局的。萬物會一直開展。你永遠無法知道底限在哪裡。吸引力法則將會帶給你更多的細節。

我需要經歷所有的對比和所有的憤怒，才能明白這一切嗎？

不需要，你也不想要如此。你會說：「我要往前進。我會弄清楚的，因為我是老師，我要教導很多人。大多數人並不是生來就能進入安適的所在，或站上高速轉盤。我是老師，我要寫書幫助別人，而我不能寫我不知道的東西，所以我一定會弄明白生命的一切意義。」

# 13 我們怎麼知道內心的直覺是否正確？

## 你相信的時候，你就會看見

你們一定想不到你們是如何啓發了我。我剛寫了一本書，書名就叫做《現在我可以清楚看到》（*I Can See Clearly Now*）。

**清澈**（clarity）是伊絲特現在最喜歡的用詞，因爲當你站在高速的振動轉盤上，思慮清澈的感覺比什麼都棒。頭腦清楚的感覺很美妙，表示你知道你要做什麼。你的書名就叫做《現在我可以清楚看到》？

沒錯，那也是一首歌的名字……

你就好像是在說：「我現在記得在我進入這個有形的身體以前就已經知道的事

情，而且在有形的道路上，我記起來的事情愈來愈多。透過我所經歷的對比，我把相關的體驗帶入我的吸引力漩渦，儘管過去有很長一段時間，我讓自己無法看見那些事物。現在我和我帶入吸引力漩渦的事物振動相符，我創造出一個美麗的世界。

「我放入吸引力漩渦的東西能夠延續二、三十次有形的生命體驗，我對每一次的生命都充滿期待。我看得到世界將走向何處。我知道別人也看得到。我知道沒有人必須處於不安或孤立的狀態。不需要如此。我看到本源在那裡等著我們，對我們低聲說話，說的非常清楚。我們只要聆聽就行了。」

那就是我要問的。《現在我可以清楚看到》這本書我寫了五十八章，每一章都……我走在一條路上，突然間我向左轉，或向右轉，或者可以說向後轉。在我寫給大眾看的前五本書裡，我從來沒提過靈性、神、意識等詞，也從來沒提過更高的意識。以前我書中的內容都跟心理學有關。

當時你的讀者還沒有準備好。

但後來我寫了一本書，叫做《心誠則靈》（*You'll See It When You Believe It*）。我回頭看那本書的索引，上述那些名詞出現了三十九次。接下來的書，我在書名就直接用上了那些詞。然後我還發表相關的演說。

冥冥之中有一股力量嗎？我的意思是，有一次我在長島公路上突然做了一個戲劇性的決定。那是一九七六年，當時我在大學教書，就在我去過父親的墓地後不久，某一天我在長島公路上開著車，忽地我把車停到路邊。我心裡有一股巨大的感受。當時我正要拿到大學的終身教職。那是每個人都想要的，表示你可以在那裡工作一輩子。你會得到保障，可以待在辦公室裡，永遠做著一樣的事情。

但我很害怕。可是你要怎麼拒絕終身職位呢？那可不容易拿到……我會成爲教授。我這輩子保證都會有工作！

我把車停到路邊，無法抑制那股要將我壓垮的力量。我激動地回到車上。我沒打電話給家人，而是直接開車到大學，進了教務長莎拉．法森麥爾的辦公室。我說：「法森麥爾教授，下學期我就不教了。」我曾寫過一本書叫做《鑽出牛角尖：擺脫情緒死角，學習重新做人》（*Your Erroneous Zones*）。我把書拿出來，對她說：「我不能接受終身教職。」

我把這段經歷寫進《現在我可以清楚看到》。那個恍然大悟的時刻非常震撼。那就是本源能量嗎？或者那是什麼？從那一刻開始，我放棄了所有工作上的安穩和福利。

你放棄了約束。

對，我放棄了。做出決定並加以實踐以後，第一年我賺的錢就比過去三十六年賺的還多。而那只是其中一項不同罷了。

如同我們之前說過的，你想要的東西都在你的振動實相裡，就是這個意思。我們稱之爲吸引力漩渦。你內在的本源知道漩渦在哪裡，也知道若要到達那裡，走哪一條路的阻力最小。重點不在於最終的結果，而是一路上會多有趣。

當你進入有形的身體，你的生活裡有條我們所謂的完滿的軌道。姑且稱之爲最小阻力的路徑。那是一條單純、有趣、帶給你祝福、充滿喜悅的道路。但大多數人不喜歡阻力最小的路徑。對他們來說，那看起來好像是安逸又無趣。

所以你走上了岔路，選擇其他的東西。你付出一切。但你一直覺得有一條路在呼喚你。最後，**本來的面目**勝出，它一定會贏的。

爲什麼你們花了這麼久的時間，才肯放鬆下來，接受天生的完滿之路？那是因爲你們不聽本源的聲音，而是不斷聽別人的話，他們要你們做很多事情，好讓他們覺得滿意。

你們剛才說的這番話讓我深感共鳴。你們說我是老師。你們講了五、六次。沒錯，在我的轉變過程中，我總是說：「我是老師，我不是誰的員工，我不要別人告訴我該去哪裡或該怎麼做。」

你彷彿是在說：「我是本源能量的延伸，我的振動頻率符合我眞實的本性，不符合我本性的東西會讓我覺得不對勁。因爲我很在意自己的感覺，所以我可以輕易地引導自己去貼近讓我感覺快樂的事物。我一直走在自己的道路上。」而這本書也會帶你找到你的路。

讓人感覺比較好的事物，有時候會讓人誤以爲比較安全或比較容易。但就內在而言，並非總是如此。

安全的感覺比恐懼或危險好，這樣也算是朝著正確的方向踏出一步。但你不希望花很長的時間在尋找安全感，你可以透過振動將類似的事物吸引過來。也就是說，這是你們都要走上的路。而本源能量會引導你的每一步。一旦你找到感覺好的東西，就朝著那個方向前進。

# 14 我們是否擁有選擇的能力？

## 大多數的人忘了愛你們來到這世上體驗的人生

我這輩子最好的老師是榮格（Carl Jung）。一開始做研究的時候，我本來打算當個榮格派的心理分析師。榮格說過：「你是你自己生命的主角，你做了各種選擇，但同時你也是一齣更大的戲劇中的配角或臨時演員。」他表示，「所有人都注定要做出選擇。」這聽起來很像是你們說的對比的經驗。但如果是注定的，怎麼會是選擇呢？

在有形的身體裡，我們的一切都已經被注定了。我的意思是，伊絲特生來具有女性的身體、特定的身高、特定的髮色和特徵。我則是身高一八五的男性，頭髮快掉光了，耳朵上長毛，還有很多奇奇怪怪的特徵。

但我可以選擇要怎麼照顧這個身體。我可以好好吃東西。我可以運動。我可以做很多事情。所以我是在一種注定的狀態下做出選擇。但其他的方面呢？靈性的層面也是如此嗎？

我們明白為何人們會使用**注定**這樣的說法，以便向那些此刻還不了解振動法則的人解釋這一切。

他們的意思是，這世上有你不想要的選擇。但我們看到的是，在你選擇人生的各種細節時，隨著時間經過，你會產生愈來愈多的個人偏好，你將愈來愈清楚你**本來的面目**，以及你想要什麼。而那通常就是你開始認識我們的時候，因為你想要擁有掌控你的實相的能力。你只是還不知道要怎麼做。

這也是我們近來與有形世界的朋友討論的新話題，因為我們希望你們了解，跟我們無形的世界比起來，有形的你們想要探索更多的對比。藉由對比，你們會更加了解你們想要怎麼改善這個時空實相。所有物種的進化都仰賴對比的體驗。

然而，當人類探索對比時，常常會加以比較，像是說「這些很好」或「那些很差」，然後你們認為，每個人都應該達成一致的意見，而這就違背了你們進入有形的身體時所抱持的目的。那樣的思考方式會讓你們缺乏覺知，於是大多數的人只會爭奪有形生活的戰利品，忘了與創造世界的能量相連，忘了愛你們來到這世上體驗的人生。

當你覺得不快樂時，你會去比較與衡量你的體驗，想找出怎樣生活才是對的。但我們希望你能承認你就是振動，即便只有那麼一會兒。承認你就是在有形的身體裡的本源能量。承認你會發出振動，而你的振動會得到吸引力法則的回應。

你要明白，本源的意見跟你的意見會提供你引導系統，幫助你回歸**本來的面目**，回歸你進入這個身體時想要的人生。

或許這樣聽起來你有點像是被線條拉扯著的木偶，是本源能量決定了你該怎麼生活，但我們完全不是那個意思。選擇有形生活中的對比時，你會因此獲得擴展，你**內在的自己**跟整個擴展的振動相符。所以當你在乎你的感受，你也讓自己擁有良好的感覺時，你就達成了擴展。你會立刻感受到思慮清澈。你會清楚看到要走哪一條路。你會清楚知道要做什麼、不要做什麼。你會清楚知道要不要跟我們對話。你會清楚知道要不要投資、要不要結婚！因爲更寬廣的本源能量認識你**本來的面目**，知道你的一切，它提供了強烈又清楚的意見。

然而，如果你想要敏銳地察覺到你的引導系統，你就要練習將你的振動頻率調整到本源的振動頻率。否則你會過得不知所措，因爲周遭的人對你有不同的期望，他們要你「走這裡」又「走那裡」的，把你搞得一團亂。

# 15 我們如何知道自己做對了選擇？

## 你的情緒引導系統會告訴你是否走偏了路

如果你知道你有一種信仰，你有一個命運，你有某種身分，比方說你是一個很棒的藝術家。或者，對我來說，我是一個老師。我也是一個作家。也就是我知道我絕對相信的事物……

對你來說，那是一種鼓勵，表示你能掌燈前行，引導其他人。

每當我偏離了原來的道路，那通常也是我人生最低潮的時候，接著我的生命就會出現深刻的轉變。

正是如此。除非你知道你不想要什麼，不然你不會知道你想要什麼。有些對比會發射出強大的願望。它們會讓你連接到你的**情緒引導系統**，因此你能辨別自己什麼時候走在正確的道路上，什麼時候又走偏了路。

本源能量能按照我們的心願編碼嗎？也就是說，有些東西是我這一世注定要達成的？我知道說達成可能不太恰當……

不是那樣的。你來到這裡，是爲了自由、成長和喜樂。

當我們偏離了原來的道路，我們便離開了自由、喜樂、愛。

沒錯，但是神聖的引導會進入你的生命，它會說：「沒關係……」

那眞是令人討厭，不是嗎？

神聖的引導一直都在你的生命裡，一直都在，一直都在。神聖的引導從未離開。經歷過各種對比，你會更願意聆聽它。伊絲特從來沒想過自己能達到這樣的振動契合，因爲當傑瑞轉化爲無形的能量以後，她曾感受到強烈的不安。一開始她很不好過，現在卻覺得很值得。

我曾接受《紐約時報》的訪問，當時亞瑟・米勒（Arthur Miller）也在場。亞瑟是一個很棒的劇作家，我想大多數人應該都聽過《推銷員之死》（*Death of a Salesman*）、《熔爐》（*The Crucible*）等劇作。他那時快九十歲了。主持人問了一個問題：「你在寫下一部戲了嗎？」我一直忘不了他的回答，因為那讓我深感共鳴。他說：「我不知道，或許吧。」我覺得，他是在說，在生命這場棋局中，還有其他東西在影響著棋子。

嗯，應該這麼說，當人生讓你不斷渴求、有所期待的時候，你會持續把願望跟喜好放進你還沒實現的振動實相裡。所以，沒錯，他要寫下一部戲。他已經把它放在他的振動實相裡了。當他不再說他有多累、不再抱怨別人怎麼亂搞他的題材，然後好好睡上一覺，等他醒來的時候，他就能得到靈感和啟發，他就能繼續前進。

這正是我創作最近這本書的寫照。六月二十六日，我跟孩子們宣布說，我再也不寫書了。我再也不寫了。我寫夠了。我不需要再證明我自己。我已經寫了四十本書。但六月二十七日一早，我又在寫了。這五個月來，我早寫午寫晚也寫，寫到脖子都要斷了。但我停不下筆。

你只要接受說，在你的吸引力漩渦裡，有足夠的內容夠你寫上二、三十輩子。只要你覺得寫作這件事有趣，不就夠了嗎？

對，我覺得很有趣。感覺非常喜悅，就像跟你們在一起的時刻。

## 16
# 對一切保持感恩之心眞的有用嗎？
## 如果你放棄愚笨的想法，神就會派更聰明的人來

我思考過所謂的情緒引導系統，也想過如何才能夠更有覺知地過日子。而經過這麼多年的時間，也歷經了許多體驗，我總算能往後退一步，明白對的人會在對的時間出現，以及情緒引導系統一直都在那裡爲我效力。你必須願意聆聽，你必須下定決心不讓其他人決定你的人生目標。

今天下午我在後台跟伊絲特提到，我看了蘋果公司創辦人賈伯斯（Steve Jobs）的傳記電影。他的行事作風在許多人看來也許非常粗魯無禮，但他深知這是科技產業必須走上的道路，或者這是蘋果公司必須的經營方式。

他也感受到某種程度的挫折，因爲即便他知道他的方向正確，但他無法說服其

他人，他們無法接受到他的振動。

有時候我們會發現自己在關係中也是如此……我跟我太太在一起好多年了，但十三年前我們決定分居。那是我這輩子最難過的時候，我差點得了憂鬱症。但味道芬芳或外表好看的東西不一定能讓你覺得快樂，也不一定能帶你通往正確的方向。有時候它們是巨大的障礙。你必須無所畏懼……

我們常會開玩笑地說，如果你們可以比較不願意去忍受負面的情緒，你們的人生也許會變得更美好。你們總是在訓練自己忍耐振動失衡的狀況。然後，你們在不知道自己說了什麼的情況下，就做出了決定。

但你們似乎都必須走上那條振動失衡的道路，直到你們受夠了不好的感覺。從你談到與父親的關係中，就可以看到這種情況；當傑瑞進入無形的世界時，伊絲特也有同樣的感受。但我們不認爲要賭上這麼高的風險。我們不覺得你們應該讓不好的動力節節升高，直到你們發現還有另外一條道路可走。

有時候這就好像是抱持著一種「感謝苦難」的心態？

保持感恩確實會讓一切都比較好過，因爲感恩就是你內在的本源一直以來的感受，對所有事物都是如此。所以感恩是一種持續的振動契合。

於是在絕望的時刻，我開始感激，而不是爲自己的遭遇感到難過，因爲這樣，我變成一個更有同情心的人，我的寫作也有了不同的韻味。事實上，在我寫作《意念的力量》（*The Power of Intention*）時就是這樣；那本書大約有百分之五十的內容是受到你們的影響，亞伯拉罕的教導在書中隨處可見。我非常努力，不讓自己繼續走上絕望的道路。

如果一段關係、一個處境或一份工作只會帶來失望，人們會感受到改變、脫離、前進的需要。

一旦你了解感受與思維之間的關係，你就能明白你爲什麼會有這些感受，接著你就可以藉由改變思維來改變你的感受。然後事情也會跟著改變。你脫離了那些感受，你動了起來。所以你要用心去訓練你的思維——思考，感受；思考，感受。

接下來，不同的人會開始出現在你的生活裡，整個環境也會變得不一樣了。榮格稱之爲共時性（Synchronicity）＊。

這就要看你站在什麼樣的振動轉盤上。如果你站在壞脾氣的轉盤上，你就會碰到壞脾氣的人。如果你站在高速轉盤上，你就會碰到振動頻率高的人。如果你站在自憐的轉盤上，你就會碰到自憐的人。吸引力法則絕對不會出錯。

所以，如果你放棄愚笨的想法，神就會派更聰明的人來。

舉例來說：因爲你知道你不想要什麼，於是你就能知道你眞的想要什麼。但是你們對於察覺自己想要什麼還不夠熟練。你或許發現了這一點。現在，在你內心，你不想要的東西還是具有比較強烈的振動吸引力。所以要你突然改變想法，專注於你想要的東西，其實並不合邏輯，因爲這不是思維的模式。

因此多數時候你還是想著你不想要的東西，這麼做的同時你便發射出你想要什麼的願望，你的願望不斷發射出去，過了一段時間，你目前的生活跟你想要的東西之間就出現了鴻溝，這就是你的體驗和你的振動模式之間的差距。

有時候如果你的願望很強烈，在你拋開自己的限制或忘記自己缺乏什麼的時候，你就能看見**本來的面目**。你**內在的自己**一定跟擴展後的你在一起，爲你點亮明燈，幫你找到它。

假設你有很多朋友，他們每個人的感受各有不同。有時候你們可以一起待在感覺很好的地方，但實際上並非常常如此。後來你明白了自己的情緒引導系統。你很在意自己的感受。你開始覺醒，你專注於思考感覺良好的思維，直到各種感覺良好的思維被你吸引過來。過了一段時間，你就能一直停留在那裡。

而你的朋友們或許仍然是情緒起起伏伏的，但你覺得愈來愈快樂。當他們的振動逐漸與你靠近，他們就能夠接納你想要幫助他們明白的東西。

那就是你**內在的自己**一直在做的事——留在更高的振動頻率裡。你**內在的自己**

＊編按：共時性是對神祕現象的一種解釋。好比說，你正想著某個好友，對方就打電話來了；或者你夢見某件事，後來就聽說發生了那件事，諸如此類。

明白，一旦你了解思維的力量，你就會恍然大悟。一旦你跟**內在的自己**契合後，你就會明白了。透過你的生活體驗，你的覺知將愈來愈強，因爲光靠文字是學不到什麼東西的。

# 17 爲什麼壞事常常接二連三地發生？

你知道你想要什麼，卻一直看著相反的方向

我常常覺得壞消息排山倒海而來，就跟每天在電視上看到的一樣……

如果你站在壞消息的轉盤上，你就會有那種感覺。

最近這些年來，我愈來愈接近我心中神聖的愛，與它處於合一的狀態，然後我發現我對新聞愈來愈不感興趣，我不想聽到別人悲慘的故事。但菲律賓確實發生了可怕的事故，估計死了上萬人。我持續看到世界各地的暴力跟恐怖事件……

大多數人並不明白，觀看世界各地發生的暴力和恐怖新聞，會導致你發出相關的振動。一旦你持續發出這樣的振動，你就會碰到更多這樣的事件。那並不表示你會立刻體驗到可怕的事情，意思是更多類似的體驗會進入你的意識，美好的感受就愈來愈少了。

有人抗議說，我們不能把頭埋在沙堆裡，對世界上發生的一切不聞不問。我們說，我們就是過濾的篩子。我們會努力透過本源的眼睛看世界——因爲本源只看著擴展，本源只看著它想要的東西。

當你決定你想要什麼東西以後，本源就看著那裡。你告訴本源你要什麼，結果你卻看著相反的方向，於是你就脫離了本源。

問題的振動頻率與答案的振動頻率是不一樣的。麻煩跟解決方法的振動頻率也不一樣。本源一直專注於解決方法，當你不是如此時，你就會覺得不好過，也無法接收到本源的啓發。然而，從感覺不快樂的對比所在，你會發射出更多的願望，然後你會從中找到快樂。對你們許多人來說，這樣的實踐不應該有這麼難。

18

# 爲什麼我們總是想要討好別人？

## 要能聽到內心的呼喚，你必須進入它的頻率

我們需要時時覺察到自己在想什麼嗎？我的意思是，有時候就是會突然冒出某個念頭，然後……

不需要一直如此。但是你要關心自己的感受，如果你在意自己的感覺，當你走上的道路不符合內在本源的振動，你就會感受到空虛（emptiness）。用空虛來形容很恰當，正是那種情形。你已經偏離了本源的觀點。

那眞的很神奇。多年前我拿到人生中第一支手機，我得設定語音信箱的問候語。當時我正在學習你們的教導，於是我錄下了這段訊息：「我是偉恩・戴爾。我希望保持美好的感覺。如果你的訊息與此無關，那你就打錯號

碼了。或許你可以打給菲爾醫生*或其他想聽到壞消息的人。」我的答錄機現在還是使用這則問候語，因爲我只想要維持良好的感覺。

那也是本源的訊息。

沒錯。所以當我們的思維讓我們感到不快樂時，好比說跟讓我們不快樂的人在一起、從事讓人不快樂的工作，本源能量帶給我們的體驗，就會符合我們的不開心和恐懼，是嗎？

恐懼並不是本源能量帶給你的，並沒有這樣的對應關係。

我的意思是，某些人會出現在你的人生體驗裡，類似共時的現象。

你的問題一定能得到解決。一定會的。

所以判斷標準就是我們的感受。看看我們有什麼樣的感覺？如果感覺不好，立刻回頭檢驗讓這件事發生的思維，對嗎？我的意思是，難道我們不能一直保持好的感覺嗎？

讓我們這麼解釋好了，當你發出思維振動，總是陪伴在你身旁的本源會與你一同思考，一同生活，對同樣的東西也發出思維振動。

這個解釋眞的很重要。

當你有好的感覺，你的思維就符合本源的思維。當你有不好的感覺，你就脫離了本源的想法。你要了解，是你發射出願望的振動，是你告訴本源你**本來的面目**，和你想要什麼。也就是說，你的實相由你創造。本源的振動頻率，就是你要的東西。

如果你想要的東西對你有害，你不可能感覺到快樂，因爲你發出的願望偏離了本源的振動，你只會覺得很空虛。所以你們一定要關心你們的感受，用心思考，傾聽自己的感覺。

＊譯按：Dr. Phil，美國知名心理醫生，也主持實境節目，對前來諮詢的民眾提供各式各樣的服務，包括身心健康、生命方向、財務規劃、親子關係、兩性關係、自我管理及體重管理等問題。

要是我覺得不快樂呢？

那種感受會愈來愈強烈。

爲什麼會愈來愈強烈？

因爲你的思維會愈來愈強烈，你會發覺自己偏離了**本來的面目**。不安的情緒也會更加強烈。

難道最後就只能轉頭走開嗎？離開那個情形？我又想到賈伯斯的電影，他因爲公司裡的事情覺得不快樂。他有種絕對的認知，我也一直有那樣的認知，我們知道怎麼做我們想要做的事情。我當然也會聆聽別人的意見，不過我從來未曾背離這種絕對的認知。

眞正的大師發現了如何接近創造世界的能量。他們知道那股力量是什麼感覺。他們與那股力量緊密連接。當你接受了他們的影響，你便進入了那股能量，你知道怎麼做才不會讓自己感覺不好，你也好好練習了，於是你讓那股力量動了起來，然後每當你偏離了道路，你就會覺得很不好受，於是你便明白你走錯了路。

賈伯斯厭倦了不斷說服別人，因爲他跟他們站在不同的振動轉盤上；你們許多人或許也有相同的經驗。換句話說，他明白如果他想說服別人走上他認爲正確的道路，他就會失去與自己的振動契合。他很不希望陷入這種情況。於是他離開了，成立另一家公司，找到契合的振動。最後，一切又回到他的身邊。

讓我們這麼解釋吧。大多數的人都住在一個想要討好彼此的世界裡。他們很早以前就放棄了情緒引導系統。當你母親或另一個人把全副心力都放在你身上，同意你所做的一切，你會覺得很快樂。所以你就一直做能得到她認同的事情，你感覺很棒，卻沒發覺自己每走一步，就更加偏離了來自內心的引導。

所以很多人選擇相信行動、言語和團體共識。當然，這些東西確實能夠創造出什麼好處。但跟連接到能量流的人比起來，透過這些行動創造出來的東西其實很平庸。有很多人都學會**當好人**，以便滿足別人的期望。我們不是說你不能當好人，我們的意思是，當你把注意力放在跟**本來的面目**和眞正的願望相反的事物上，如果你因此覺得不快樂，那是再正常不過的事了。覺得不快樂的時候，你不可能說服自己說你是快樂的。

那就是你在賈伯斯的紀錄片裡看到的。當他無法發揮他的影響力時，他不願意假裝不在乎。所以他退一步說：「好吧，你們都照你們想要的方式去做。因爲你們的節奏跟我不一樣。」最後是他們回過頭來求他幫忙，因爲他們失去了他的專注力爲整體經驗帶來的能量與思慮清澈。

我曾宣布說，我再也不寫書了，我寫夠了，我累了，我再也不需要寫了，但接下來我又花了五個月的時間每天寫作。現在我已經完成了另一本書，只是還沒出版。

你的寫作沒有停止的一天。認命吧。

在《現在我可以清楚看到》裡面有一章，我告訴讀者，我小時候那個年代，大家都在看《米爾頓．伯利》、《週二夜》、《喜劇先生》等節目，我卻在看天主教節目，主持人是殊恩主教（Bishop Sheen）。那個節目叫做《生命就值得好好活》（*Life Is Worth Living*）。那時我十二、三歲，我會邊看節目邊做筆記，因爲我眞的很喜歡這個節目。我繼父跟我們一起住了好幾年，他是天主教徒，他也會看這個節目，所以在我家看不到《米爾頓・伯利》。我總是非常期待星期二晚上。

爲什麼？

嗯，我寫了四十本書，都可以用《生命就值得好好活》當副書名。

但你才十三歲時就會這麼做？

現在回想起來，那個時候我不知道……

我們的重點是，那個時候你這麼做，是因爲你覺得這麼做很快樂。

這就是我來這裡的理由。

一切都很清楚明白。你的繼父是一個連接到本源的人，他發出了振動邀請。你聽他的話聽久了，感覺得到了共鳴。那股力量一直在呼喚你。在擴展的過程中，最重要的就是你自己。而他把你的振動頻率調整得跟本源的振動頻率一致。

這是來自上天的指引嗎？

是。一直都是。你們在這裡並不孤單。每個人都有意義，每個人都很重要。你們來到這個世上都有偉大的理由和目的。如果你感覺並不美好，一定是你偏離了**本來的面目**。是時候練習站上振動的高速轉盤，訓練自己隨時回到轉盤上，恢復**本來的面目**。

對每一個人來說，那就像是內心有個東西在呼喚你……我覺得那就是一種呼喚。

你必須好好練習，才能夠聽到內心的呼喚，進入它的頻率。你所謂的呼喚，感覺就像是一種啓發。也就是說，你開始察覺到本源的能量。等你感受到那個呼喚，你已經在那個頻率裡待得夠久了，你可以把振動頻率轉譯爲對你有意義的東西。那是一種自修的課程。

對，那很有趣，我寫過類似的東西。八年前，在我六十五歲的時候，我拿出兩千五百年前的重要經典《薄伽梵歌》，寫下我自己的詮釋。事情是這樣的。我在夏威夷的茂宜島有個住處。當時我到了島上，我有四件事情要做。我必須去超市買禮物卡，因爲我要去探望小孩。我必須去銀行提款，因爲我需要現金。我必須去健康食品店，因爲我要買一些營養補充品才能踏上旅途。然後我就準備回家。這是我當時的計畫。結果，當我在開車時，我感覺是我的車子在引領我，而不是我在開車。我不知道該怎麼形容……

你被啓發的行爲並非來自你的意識，因爲你的振動符合更寬廣的本源的視角，它們知道你**本來的面目**，以及你實際上要往哪裡去。

對。所以我的車子把我載到邦諾書店，我正要跨出車子時，突然想到，我來書店做什麼？我得回去。我要趕飛機啊。但我沒去幾場，反而買了這本經典著作：《薄伽梵歌》。

現在向前快轉一點，想像你帶著清澈的感受走進邦諾書店，你知道有個眞的很重要的東西在等著你。換句話說，你是偶然碰到了它，你去的時候還不知道自己要找什麼，但你喜歡伴隨每一步而來的清澈感受嗎？

我喜歡。我確實有那種清澈的感受，但並不是每一步。不過也比以前更清楚了。我就站在那兒，翻看《薄伽梵歌》的相關資料，顯然這就是給我的呼喚。我只是覺得這本古書被很多人用錯誤的方法給詮釋了。

所有的古籍都一樣。不過現在你可以放下它了，因爲你已經能夠連結到本源能量。每個人都可以。

## 19

# 如何避免爲自己不好的行爲找藉口？

## 很多人想要改變世界，但是世界不需要被改變

我想要問一些跟《薄伽梵歌》相關的問題。它的故事很簡單，主角阿朱納（Arjuna）準備要上戰場……

他站在振動的低速轉盤上。

正是。駕駛戰車的克里希納（Krishna）原來就是本源能量，也就是神，反正就是那一類的說法。

不，在低速轉盤子上就不可能如此。

好吧，但在《薄伽梵歌》裡面是如此。總之，阿朱納得到一些忠告，這

些忠告多半符合你們講的話。但是，亞伯拉罕，有一點讓我很困擾，過去兩個月來，我反覆讀了《薄伽梵歌》三次，我甚至不知道自己為什麼這麼做。我就是一直讀這本書，翻來翻去，也做了筆記，同時繼續寫作。

或許是原來的作者想幫你弄清楚什麼，他希望你用原本他想要表達的方法把它寫出來。

或許吧，我不知道。但在阿朱納準備要上戰場的時候，他說過這是他的職責。而本源能量克里希納，也就是神，對他說：「去吧，盡你的本分。如果要殺人，那就是你的職責，因為你不會殺死任何人。生命我來取走；我負責所有的生命。」於是他就去作戰了，盡自己的職責。

我想請教你們：我們的職責會跟神聖之愛不一致嗎？

絕對不會。但當你站在低速轉盤上，你會從那個振動的角度來詮釋一切。誤解就是這樣造成的。假設你站在復仇、擔憂或沒有安全感的轉盤上，在上面待了一陣子。你看著它們，你跟別人談論它們，你帶著很強的動力。最重要的就是你的思維振動。

你創造出來的振動頻率，就是你產生吸引力的關鍵：或許是失望，或許是憤怒，或許是希望，或許是愛。只要你在轉盤上待上一會兒，吸引力法則就會開始運作。因此，當你站上了復仇的轉盤，跟別人聊起你遭到怎樣不公平的對待，你就搧旺了復仇的火焰，然後其他人也跟著加入，讓復仇的動力更加強大。最後，足夠的動力出現了，你覺得得到啓發，你決定要採取行動。那股力量就會朝著復仇的方向前進。

但我們向你保證，那種來自你不想要的東西的動力，還伴隨著負面的情緒，絕對不是本源能量的啓發。你站在復仇的轉盤上，而本源絕對不會加入你。但我們知道那爲什麼感覺很像是本源能量，因爲復仇的感覺比被人占便宜好，去壓倒別人也比被壓倒好。但你會看到，還有另一條路可以走。

有很多人一輩子在做的事情，就是他們口中的「使命」。但事實上，他們的使命包含很多暴力、很多仇恨、很多殘殺、很多不符合更高覺知和更高意識的事情。然後他們以克里希納對阿朱納說的話來合理化自己的行爲，「這是你的職責。你不用殺人。我負責取走生命。所有的生命由我賜予，我就是神或源頭。」

任何人一旦決定了要做什麼，我們都不想跟他們爭論。我們不會說某種行爲是錯的，某種行爲才是對的。但我們要說，除非你跟內在的本源達成一致的振動，不然你的行爲並未得到本源的啓發——那只是一種被激發的行動，並非來自本源，而是來自人類意識的副產品。

也就是說，本源能量絕對不會引導你做出負面的行爲。如果你覺得你被引導著做出對其他人不好的行爲，你的動力就是來自振動的低速轉盤。

所以有一天，有個士兵自殺了。

因爲他脫離了邁向完滿的軌道，他不知道自己是什麼樣子。他再也無法忍受那樣的行爲。

我們來告訴大家該怎麼做。你們在這裡。你們在聽我們的對話。所有的人都在聽。我們的對話很深刻，我們站在思想的最前端。你認爲士兵只是在盡自己的職責。你感受到他們的愛國心，你想要感謝他們的犧牲，你很感激他們爲國家做的事情。好，這些感覺讓你很高興，是令人快樂的想法。所以那是你要集中注意力的地方。但是假設你知道在某個村落裡，居民的遭遇眞的很可怕。你想著這些事情，你覺得很難過，而那是因爲你的思維振動已經偏離了你**本來的面目**。

所以，要怎麼辦呢？把頭埋進沙子裡嗎？責怪做壞事的人嗎？還是你要讓對比的體驗來定義你要什麼，讓你的思維跟你要的東西達成一致的振動頻率？

你會不會開始描述一個更有同情心的世界？在那個世界上的每個人都清楚知道他們自己是誰，也確保各地的孩童都有東西吃，這些孩子每天醒來都覺得很安心，他們的父母也都明白這個世界會給每個人機會。

也就是說，你可以大肆宣揚各種不好的事，世界上有各式各樣的宣傳管道，要這麼做很容易。但宣揚之後，你的感覺並不好。你要相信你確實有能力可以選擇，選擇後你會發現自己眞實的力量，因爲連接到能量流的一個人，將比數百萬偏離本源的人更有力量。

噢，你們說得對。

所以如果你堅持你想要的東西，那麼不論戰爭帶給你什麼聯想，或什麼情況讓你覺得很不舒服，你都能跟本源保持契合，感受到啓發。你不需要前往戰地，不需要參戰，不需要捐款。跟本源能量保持一致的振動，專注想著你要的東西，就能爲你帶來振動貨幣。

與本源契合，把注意力放在你想要的東西或感覺上。對於那些已經厭倦戰爭的人們，或許他們已經了解戰爭不是答案，如此一來你就有機會幫助他們找出阻力最小的道路，也就是吸引力法則的路徑。

我常看到這種情況。我是說，很多人寫信給我……

很多人想要改變世界，但是這個世界不需要被改變。如果你相信世界需要改變，在你掙扎努力的同時，你就妨礙了自己跟本源的契合，而正是這個本源才能爲你帶來改變世界的方法。你一定要跟本源保持契合，把注意力放在你想要的擴展上。站上高速轉盤，集中你的注意力。

# 20 什麼是自主創造？

## 思維就像是一種貨幣

我在演講的時候，常常提到這個例子：如果我給你一百萬，我說去吧，去買任何你想要的東西，愛買什麼就買什麼。於是你走進許多店裡，每進一家店你就亂買一通，你買了很多你不喜歡的東西。你買了十個這個、十五個那個。回到家時，你卻問說：「為什麼我家塞滿了我不想要的東西？」我說：「那是因為你瘋了。」

因為你們想用行動填滿空虛。你們想要愛，可是你們找錯了地方。你們想用行動和物質來填滿空虛，卻忘了跟本源保持一致的振動。那並不表示等到你與本源達成一致的振動以後，你就什麼都不想要了。但如果你想要的東西是來自與本源契合的思想振動，那就是有意義的東西。

對。但我們的注意力不只放在不想要的東西上，也放在別人要我們擁有的東西上，或者我們只注意到以前的情況，甚至只注意看著「現狀」。我的意思是，如果你不喜歡現狀，卻想著現狀，對我來說，那只會創造出愈來愈多的現狀。

之所以如此，是因爲一般人都相信，人要面對現實。大多數人所發出的振動，多半是在回應他們看到的東西。他們看到了，然後發出振動，於是就吸引了愈來愈多這樣的東西。因此，他們當然就更加深信不移。一旦你發覺，你可以選擇把注意力放在你眞正想要的東西上，而這些東西也會來到你面前，你就能夠自主創造，不需要別人的推動。

了解吸引力法則會快速回應你的振動，是一件很美妙的事情。除了回應，如果你能感受到吸引力法則跟內在本源的契合或共鳴，那將是更美妙的事。

在你擴展和進化的同時，內在的本源支持著你**本來的面目**。美好的事物從強而有力的軌道流向你。如果你脫離了這個軌道，你一定會感受到負面的情緒。這時候你只要放輕鬆，讓自己再度回到軌道上，你就能重新感受到思慮清澈。你會感受到豐足。感受到價值。感受到樂趣、活力、渴望、熱情。人生很美好，這就是你想要的生活。

# 21 有所謂來自天堂的指引嗎？

## 地球就是天堂或地獄，由你選擇

天堂上究竟有沒有大師？我是說，我們常聽到這種故事，像聖日爾曼伯爵（St Germaine）和耶穌……

所謂的振動契合可不像大學學位，一旦拿到了就一輩子跟著你。在這一刻，要麼契合，要麼不契合。但確實有人能夠抓住振動契合的精神，努力維持與本源的契合。你說的就是那一類的人。

我們能跟這些人接觸嗎？

他們隨時都在你們身邊。只要你們把注意力放在他們感興趣的事物上，就會發現他們早就準備好了，在那裡等著你們。

他們對什麼感興趣呢？

就是你們感興趣的所有事物。他們很熱切。你瞧，這個有形的時空實相具有最領先的思維。大家常認爲這個地球只是個試煉場，天堂則在天堂所在的地方。但這裡有最領先的思維。這個地方就是思維彰顯的地方。這就是思維的重心。

地球上就有天堂。

地球就是天堂。或地獄。由你選擇。

# 22

# 死後會有懲罰嗎？

## 與本源失去連結的人，心中就有地獄

說到地獄，這種東西眞的存在嗎？

與本源失去連結的人，心中就有地獄。動物不知道地獄是什麼。只有蒙蔽自己的雙眼的人才相信地獄。你不覺得混淆就是一種地獄嗎？你不覺得無力改變就是一種地獄？

有些人的行爲很可怕，當他們離開地球之後，是否會得到懲罰？

我們說情況不是那樣的，大家聽了可能會很失望。但你的懲罰來自你自己，因爲你脫離了隨時陪伴在你身邊的本源能量。你拒絕本源能量，所以你會覺得很不好過。而當你重回無形的世界，你就拋下了所有的疑慮和懼怕、所有的嫌隙、所有的仇恨、所有的誤解。你的振動就等同於此生和之前的一切想要你成爲的模樣。

23

# 有沒有誰比誰好，誰比誰差？

## 高尚不表示比別人好，而是比過去的自己更好

我在寫《現在我可以清楚看到》這本書的時候，我想到我生命中的低潮，以及我做過的事情、我的行爲、我的想法……

對，但是如果你從來沒有看不清楚，你怎麼知道你現在看得清楚了？你如何感激、甚至領悟到思慮清澈的美好？

說得好。

如果你沒有體驗過思慮的清澈，你就無法找到並擁有它。而你要怎麼體驗不一樣的人生呢？本源就在你身邊，呼喚你向前行。

你站在你現在所在的位置，但你常常回頭望，你責怪自己之前的經驗，你說你不該走那條路，不該體驗那種事情。但事實上，本源呼喚著你的每一步——因爲那是阻力最小的路徑，也是你唯一要選擇的道路。

讓自己喘口氣吧。本源不會批判你。只有你才會批判你自己。而當你批判自己時，你就脫離了本源。

回想我年輕時的行爲，我想我眞的很幸運，要是有人發現我……

你一直都很順利。你的行爲不需要被懲罰。不需要被揭穿。你只是走偏了一點點。在你跌跌撞撞時，本源一直在爲你開闢另一條路。不要去看那些你覺得不對的東西。只有你才會責怪你自己和責怪彼此。

小孩子在學走路的時候跌倒了，你不會不以爲然地說：「起來啊，小笨蛋！」你知道跌倒了他才能學會走得更穩。本源對每個人的想法就像我們對待小孩的態度一樣。

所以對於某些體驗，我應該覺得慶幸？

如果你想要達到振動平衡，就要保持良好的感覺。

好的。

回顧以往，你一直在責怪自己，這樣一來你就脫離了本源。本源對你的一切體驗都保持良好的感覺。

一切？

沒錯，一切。

我常說，眞正的高尚並不表示比別人好，而是比過去的自己更好。就各方面來說，我覺得現在的我都比過去的我更好。

人類太強調所謂的高尚了。那是人類的用詞。神從不說什麼高尚。而且高尚到底是什麼意思？

如你們所知，就像我們現在在談論的話題：完美。

沒錯，但完美不存在，因為你永遠無法達到完美。完美代表結束，但存在並沒有結束。所以高尚只是人類站在低速的振動轉盤上時，用來互相比較的說法。

# 24 什麼是靈魂？我們能與它溝通嗎？

## 來自無形世界的意識就在你身邊，沒有例外

我們稱在我們內在的東西爲靈魂。我可以跟其他人共享靈魂嗎？

那就是意識，它是一股流動的能量。伊絲特剛接觸到亞伯拉罕的時候，她可以感覺到我們是一種集體意識。有時候她會感應到不同的重點。現在，在這場對話中，因爲你們發出的邀請，她感應到更強的力量。對此我們有個很好的例子可以作爲解釋：當傑瑞轉化進入無形的世界以後，有一段時間伊絲特一直聽到亞伯拉罕在說話。她跟亞伯拉罕的相處很自在，也很習慣與亞伯拉罕之間的振動關係。她信任我們。她知道我們的感覺。她可以感受到我們的完整。

但當傑瑞轉化了以後，伊絲特不希望他加入亞伯拉罕。而他當然加入了。但她

希望能讓他獨立出來。她已經很熟悉亞伯拉罕了。她希望傑瑞就只是傑瑞，她希望他對於我們這場對話和討論感興趣，她希望他會想要知道她買了什麼家具，因爲他常說：「別買了卻不用。」她很擔心如果自己又買了家具，拖回家之後同樣只是堆在那裡。

因此她很想知道傑瑞對所有事情的看法。她知道他生前是什麼樣的人，以及現在是什麼樣子，她能感受到來自無形世界的傑瑞流過她。

但最重要的是，伊絲特必須忘記傑瑞以前的樣子，才能明白他現在的樣子。他再也不會抗拒他不喜歡的東西。在有形的身體中他所在意的事情，現在對他來說都不重要了。

### 你們怎麼知道？

透過他，並且讓伊絲特進入他新的視角。她記得他在有形身體裡發出的振動，而她必須放下其中一些，才能在無形的世界中找到他。因爲她渴望找到他，所以她做到了。在這個過程中，她更加了解**內在的自己**。

現在伊絲特覺得很驚奇。過去她有過一段很長的幸福時光，跟她心目中的智者生活在一起，他充滿愛，對每個人都很好。她讓他在前面領路，她歡喜地跟隨著他。但現在她發現他要她負責帶路，而她找到的振動契合也令他非常歡喜。

他們是透過心電感應嗎？

對。當傑瑞還在有形的身體時，他跟伊絲特的對話會像這樣——她說：「我眞的很想知道你對這個有什麼看法。」而他回答說：「我不覺得妳眞的想要知道我的看法。我覺得妳只是想要我同意妳的看法。」他這麼說可是認眞的。

而現在，她不求他要同意她的看法，她只是眞的很想知道他的想法。她必須訓練自己的振動符合純粹正面的能量。

他在那裡的時候，會給她信號嗎？家具會動來動去？會有東西從書櫃上掉下來？諸如此類。

我們說過，儘管你跟你父親之間有強大的阻力，但你的願望充滿力量，最後它會帶領你抵達美好的時刻，讓你願意原諒你父親，與本源達到一致的振動。傑瑞和伊絲特的體驗同樣如此。

傑瑞轉化後不久，有一天伊絲特過得很不順利。她去拜訪姊姊吉妮，大聲對她說：「傑瑞呢？他說過他也會來。但他在哪裡？我要知道他在哪裡。我找不到他。他在哪裡？」

就在那個時候，原本擺在書架上的**莎拉的書**（伊絲特寫了一系列的莎拉書，透過名叫莎拉的女孩來呈現亞伯拉罕的教導），啪一聲掉下來。那是傑瑞生前擺的。伊絲特知道，那一刻傑瑞是在告訴她，他就在那裡，因爲她的願望非常強烈。

那大概是兩年前發生的事，現在伊絲特知道傑瑞不會再玩這種愚蠢的遊戲。也就是說，她知道她一定得跟**本來的面目**契合，才能與他互動。

他們家是一棟U形的建築，臥房裡有盞燈，不論伊絲特在房間、客廳或書房，都能看到那盞燈。那盞燈就照在石英磚牆上，從家裡各處都看得到。

她覺得很快樂的時候，那盞燈會閃爍，反應她的喜悅。但如果她感到難過或寂寞，當她坐下來看著那盞燈，說：「閃一閃。」燈反而不會閃。這表示傑瑞不會到低速轉盤上陪她玩遊戲。如果她想跟他一起玩，她必須把自己提升到她本來所在的地方，也就是他的所在。

等我轉化進入無形的世界之後，也能跟我所愛的人接觸嗎？

對，你在乎的那些人。

要先定下目的嗎？我已經養成這麼做的習慣了。

要，但這只是其中一個原因。站在無形的有利位置，你對地球上所發生的事情都會感到興趣。

在無形世界裡的我們有多個維度。我們是意識，只要你從有形的角度對我們加以關注，我們就會來到你身邊，沒有例外。但你一定要先把自己的振動調整好，才能認出我們。

想想看你教別人的東西，以及你寫過的書。等你離開了有形的身體，重回無形的世界，當別人在讀你的書時，你一定會察覺得到。你會跟他們產生連繫。

一般人多半搞不清楚這個重要的概念。這種想法有時候會讓你們無所適從。就好比說，傑瑞轉化進入無形的世界以後，有一陣子伊絲特覺得很嫉妒，因爲在有形的身體裡，他只在乎她一個人，現在他則跟很多人互動。

無形的振動頻率一直在那裡，你隨時可以接收得到，但你必須了解它，你必須調整到同樣的頻率。一旦你調整好了，那就是你所謂的思慮清澈，那就是你所謂的領悟。

## 25

# 我們可以期待未來會更美好嗎?

最重要的是現在、現在、現在

我常說:「當你能夠信任自己時,你就能夠信任創造你的智慧。」

你要怎麼做到呢?你一定要找到自己的方式,不是嗎?或許你是從你母親身上學習到許多事情,但其實她並非完全可靠,因為有時候她會心情不好,她甚至還會命令你要怎麼做。

所以你必須訓練自己去信任自己。練習保持好的思維,直到你能持續契合視野更廣的自我,也就是你所謂創造你的智慧。

如果你練習讓自己站在高速轉盤上,與本源達成一致的振動頻率,那麼一旦你偏離了本源,你會立刻發現,立刻改正。經過不斷練習,你便可以控制自己的振動。當你能夠控制自己的振動，首先你會感受到自我價值，因爲整個宇宙都在爲你效力。你會感受到思慮清澈，一切都很順利。就好像有個管家，帶著你去到你要去的任何地方。一步也不會踏錯。一切再也不覺得困難。事實上，你曾經覺得很困難的事情，現在將只會感到很有趣。

有一天，有什麼東西掉到書櫃後面，伊絲特費了好大的勁才把它拿出來。當她想辦法要把東西拿出來時，一直面帶笑容，因爲她知道自己站在高速轉盤上，而且站得很穩當。如果是在六十天前，她可能會喃喃咒罵，但在那個當下，伊絲特非常享受想辦法把東西撈出來的過程，而不是抱怨說她還有更重要的事情要做，不想浪費時間在這種小事情上。

這些時刻和那些時刻，不就是人生嗎？很多人一直在等待夢想中的假期、夢想中的關係、夢想中的跑車、夢想中的工作。我們說，你再怎麼等也等不到的，因爲最重要的就是**現在**、**現在**、**現在**、**現在**、**現在**。現在就與本源達到契合，否則你將無法契合。

你告訴自己，你可以現在就與本源契合，現在就契合，你的生活就是你想要的模樣。

你們曾經發現自己的思維與本源並不契合，然後趕快加以修正嗎？我是說，我覺得有時候思維似乎卡住了。

有時候確實如此。

也就是說，有時候你會發覺自己剛剛出現了某種批判的思維，而你覺得自己再也不想要有這種想法。對我而言，我覺得我必須回去修正我的思維，然後也要修正我的行爲。

對，但你不需要因此讓自己的振動慢了下來，因爲那只是繞路去解決問題。其實當你睡著的時候，思維的動力會停下來。等你醒來，在沒有阻力的狀態中，很容易就能站上高速轉盤。然後，在那個沒有阻力的地方，你的動力再度變強了。那就是最簡單的方法。

我們並不是說你不需要改變行爲。當然有些行爲需要被改變。但通常當你努力想要改變某件事時，你會啓動跟願望相反的振動。雖然是無心，但實際上你發出了抵抗的振動，而不是隨順的振動。

# 26 什麼是無條件的愛？

## 本源愛所有的人，本源的感覺只有美好

這場對話或許會讓我改變許多想法，不過我常常在想，修正過錯、原諒犯錯者，就可以重新編碼我們的潛意識嗎？

本源從來不需要原諒，因爲本源從來就不會譴責任何人。

對，最好一開始就不要責怪別人。

當你感受到本源對某個人的感覺時，你就跟本源同步。你可以稱之爲原諒；我們則說是振動契合。你會離不開那種感覺，因爲愛人的感覺總是比恨人好。

對，沒錯。

伊絲特曾不只一次告訴我們：「亞伯拉罕，或許我得跟你們講清楚那個人是什麼德性。我相信你們可以無條件地愛他，但那似乎有點不切實際。」

但你瞧，無條件的愛很棒，因爲那就是你想要做的事。那就是你**本來的面目**。如果是有條件的愛，你會說：「如果你改變行爲，我就愛你。」但這對你、對他人都是陷阱，因爲你們想要找出什麼樣的行爲才恰當，結果弄得大家都覺得不快樂。對於什麼是對的、什麼是錯的，你們的意見不一致，你們生彼此的氣。但本源愛所有的人，本源的感覺只有美好。

# 27

# 面對疾病，我們是否沒得選擇？

## 療癒是愛的感覺，是美妙的體驗

大約三年前，我被診斷出罹患血癌，後來經歷了一連串的治療。當時我聽說有位住在巴西小鎮艾巴迪亞尼納（Abadiânia）的神祕靈療師，名叫神的約翰（John of God）。我想問的是，聖靈（entity）眞的能進入別人的身體嗎？我跟神的約翰見過面，那場體驗非常驚人。

那是因爲他充滿了完滿的振動，跟耶穌一樣。而你的期望並未阻礙你體驗他，你願意接受那樣的體驗。

我沒有再回醫院去檢查血球指數之類的東西，我就跟著自己的感覺走，而且我覺得很不錯。很多事情都改變了。這個人過去四十年來治療過四千萬人，經過他的治療後，我覺得一切都變得不一樣了。

我的兩個孩子陪我一起去茂宜島接受治療，當我走出診間的時候，我看著他們，他們在我眼中變得完全不一樣了。看起來就像純粹的……

你是透過本源的眼睛看到他們。

純粹的愛，就是這樣沒錯。我哭了起來。我抱住女兒，告訴她她有多美麗。我也抱住兒子。我看著那片海洋，它看起來像愛之海。我看著棕櫚樹……

你受到他的影響，你已經達到振動的契合。

對，那是很強大的力量。過了兩個星期，就是我七十一歲的生日。那天一早我起來之後，一直覺得很想要付出些什麼。當時我正在舊金山拍一部關於我父親的電影，片名叫做《我最偉大的老師》（*My Greatest Teacher*），主題則是關於原諒。那是非常特別的一個生日，我一輩子都不會忘記。

我記得我走下樓，身上帶了兩千美金，都是五十塊的鈔票。我走到聯合廣場，從早上七點到下午五點，我盡情擁抱無家可歸的人。不論是撿拾寶特瓶的老太太、氣味不太好的流浪漢……

我只覺得自己很幸福。非常純粹的愛。我只想付出。我只想爲人服務。我受到極大的衝擊，所以後來我在衣服上印了「愛」這個字。後來我寫作的主題都是關於神聖的愛。所以我才會在這裡跟你們對話，讓你們教導我跟神聖的愛有關的課題。光是能跟你們在一起，我就覺得很激動了。

當你被告知說你得了血癌，你一定會陷入恐懼。癌症總是跟恐懼脫不了關係，這跟怕不怕死無關。血液的癌症。我們的社會上有好多人得了血癌。

我親愛的好朋友艾妮塔．穆札尼（Anita Moorjani）寫了一本書，叫做《死過一次才學會愛》（*Dying to Be Me*），描述瀕死的體驗。她提到她的癌症有多嚴重，以及她如何擺脫這場大病。她說：「就是恐懼，全是恐懼。」

我感覺得到那些透過神的約翰來到我身上的聖靈，它們把一切的恐懼都帶走了，以愛代之。

我們的說法會有點不一樣：要帶走什麼是不可能的。重點在於愛。也就是說，完滿的振動占了優勢。

這個問題很有趣，因爲擁有有形身體的人們都知道，他們總有一天會轉化進入無形的世界。但大多數人覺得他們不該死。所以，如果這條道路注定會把你帶離有形的身體，你就該下定決心，你在這裡，在這個身體裡，要有什麼樣的感覺。

也就是說，當你清楚知道你不要什麼，你就能清楚知道你確實想要什麼。如果在你現在所處的地方和你想要去的地方之間有條鴻溝的話，你會覺得很不安。而那就是恐懼的根源。但當你選擇關上這道鴻溝，你便會覺得鬆了一口氣。

所以我們要把療癒納入我們常講的振動契合。但我們也要說，在你們所謂的死亡體驗裡，也有不少眞正的契合。

因此可以這麼說：你在有形的身體裡表達你的想法，你可以做決定。只要你覺得有趣，你體驗到有意義的東西，你也很享受人生的對比，那麼就沒有理由你不能繼續體驗對比，繼續產生新的想法。不論如何，本源都會支持你。

這眞的是你們的選擇。但大多數人想到疾病，就認爲自己沒有選擇。那就是爲什麼你們會覺得恐懼。你們會覺得害怕，因爲你們的想法牴觸本源對你們的看法。你們跟本源的看法不一致，於是你們就會感到恐懼。

神的約翰爲你做了什麼？你跟所有人一樣，都可以進入那股能量流。你不需要媒介來幫你收集更強大的能量。但他對你的關注，讓你把注意力放在更強烈的願望上。也就是說，他撫平了你不契合的振動，因此就幫助你接納了契合的振動。

請再說一次。太棒了。

由於你把注意力放在他身上，你找到一個方法，讓一直在等待你接收的能量流可以進入你的體驗。他並沒有把他接收到的能量注入你的身體。你不需要其他人來施加療癒的能量。你們都可以直接連接到能量。但是他幫助你充滿期待。根據你聽到有關他的傳聞，以及你對他的認識，你的期望改變了，你的恐懼也消失了。少了恐懼，你就能把注意力放在他身上，於是療癒就開始了。

療癒是愛的感覺，是美妙的體驗。

與本源能量的振動契合，就是指思慮清澈。思慮清澈最適合用來描述契合——清晰、知曉、不猶豫。對吧？

**沒錯，還有「現在我可以清楚看到」。那是我生命中最重要的時刻。**

對，因爲你覺得自己的勝算更高了。但事實上，你的勝算一向很高。也就是說，你可以變成你想要的樣子，做你想要做的事，得到你想要的東西。本源一直在支持你。只是有時候當你感覺勝算比較高時，你就更能夠專注於找到振動的契合。

**我有一種想要服務他人的感覺，我想要從中找到自我價值。**

你無法**不**服務別人。當你調整到正確的振動頻率，連接到本源，發出動力，你就變得像是一顆衛星接收器了，你會讓宇宙的信號更加靠近地面，這樣別人或許也能夠注意到。如果你一直契合完滿的信號，別人就更有機會看見幸福洋溢的你。就像是我們剛才說過的，如果你時而調整好頻率，時而頻率又跑掉了，人們就沒有機會在碰到你的時候從中受益。但如果你能一直保持正確的頻率，他們就能看見你與本源的連結。

最有趣的是，除非你先讓自己與本源契合了，否則你無法服務別人。因為如果你的頻率不符合本源能量，你就沒有任何東西可以給別人。

亞伯拉罕，在我們的社會裡，似乎有很多人罹患癌症和其他各種疾病，到處充滿著恐懼。我所謂的恐懼並不是怕死……

姑且稱之為動力吧。

好。

把它想像成一股動力，然後看看你周圍發生了什麼事。你會發現動力永遠不會消失，可是一旦你知道你不想要什麼以後，解決之道就出現了。

所以就算社會上多數人都面臨著什麼問題，無法跟解決方法達到一致的振動，但解決方法仍會成形。很有可能你就會找到契合的振動。

如果我們能擺脫恐懼……你們認爲罹癌率會降低嗎？

當然，而且你的說法非常好。你說：「如果我們能擺脫恐懼。」

沒錯。

恐懼是振動不契合的產物。但它其實會讓你把思維導向你要的東西，而不是你不想要的東西。不過這需要人們願意去追求令人感覺更好的頻率。

但是對很多人來說，除非勝算很高，不然他們寧可忍耐，留在感覺比較不好的振動轉盤上。你們的生活之所以脫離了你們想要的模樣，不是因爲你們是不好的人，而是因爲你們做錯了，因爲你們長久以來都不讓自己接近與生俱來的完滿振動。只要你們把些許注意力放在自己的感覺上，決心要讓自己愈來愈快樂，你們就會重新契合完滿的振動。

## 28

# 難道不該怪罪那些破壞我們生活的人？

## 你必須找到方法去相信你想要的東西

這世上有個很嚴重的問題，造成不少人的困境。

你想要開啓那個問題，爲它注入動力，實踐它的振動嗎？

看起來好像……

要嗎？

請聽我說。不論是動物王國，還是人類王國，甚至礦石，生命循環的方式似乎都是透過種子的傳承，代代相傳。就好像說這株植物的種子把生命傳給了下一株植物，以此類推……

我們很愛你，眞的。（亞伯拉罕不願意跟隨偉恩博士所發出的這個振動。）

好吧。人類也一樣。不過看看現在發生了什麼事？過去一、兩個世代出現了急遽的變化，實在令人震驚。比方說，在三十年內，生來就患有自閉症的孩童，比例從萬分之一增加到百分之一。

他們跟你一樣，來到這個地球上，希望享受自由。所以他們說：「我會跟別人很不一樣，你們不能拒絕格格不入的人。」

我了解。但在我們的文化裡，肥胖症患者也急速增加。我不相信那是因爲我們變成了一個貪吃的國度。我認爲那是因爲我們的食物大多經過基因改造。

沒錯。你們努力尋找愛，可是都找錯了地方。你們不斷在尋找好吃的食物，而不是讓你們感覺變好的食物。你們無法讓自己接受本源的引導；你們只是在找東西塡滿內在的空虛。你們注意到了嗎？在你們心情最糟糕或覺得自己很無助的時刻，你們都會想要找東西來吃。

但事實上，人類用基因工程來改造食物，因此下一代的種子並非來自眞正的小麥或玉米，而是孟山都公司（Monsanto）*。這些大公司握有食物生產的專利。如果沒有他們的允許，我們甚至不能自己播種。

我們不是不同意你的話。但如果那些像你這麼想的人，現在都想著這件事，然後你們一起發射出強烈的願望……

我正在努力發射。

如果我們不談食物出了什麼問題，而是談你們想要什麼樣的結果呢？

我正在這麼做。

如果由你來引導完滿的振動呢？如果在本源的支持下，利用你創造世界的力

＊譯注：來自美國的跨國農業生物科技公司。

量，照亮那個振動呢？如果完滿的振動成爲主要的振動呢？

這就跟你在父親墓前那天的經歷一樣。本源流過了你，儘管你去墓地的時候懷著不同的目的，結果你並沒有做那件事……因爲本源的振動勝出了。爲什麼不讓有形的你把注意力放在解決的方法上，而不是一直看著問題？人類就只有這一點亂了套。你們花了太多時間在討論不要什麼，而不是說出你們確實想要什麼。所以你們的振動頻率跟動力比較偏向你們不想要的東西。

但我們必須察覺自己不想要什麼，不是嗎？我不想要我的家人吃下基因改造的食物。

當然。但是聽好了，光是在這場對話裡，你就花了很多時間討論你不想要的東西，遠超過討論你想要的東西，以及你可以怎麼做。

我知道，我正在努力改變。

想想看，你們的食物並不是從外太空運來的，所有的種子都在這裡了。如果食物經過改造，可以找到對人類有益的東西，不是很好嗎？如果已經有這種事發生了，或即將出現這種事，你願意接受嗎？

但你一直在抗拒你不想要的東西，從個人的角度去妨礙自己體驗那樣的益處。其實這一切都是因為你們站在低速的振動轉盤上，彼此鬥爭和批評，以此決定什麼比較好、什麼比較差，沒有人真的去尋找跟本源的振動契合，所以我們建議你拋下這一切，感受到願望的益處，轉向吸引力的漩渦，不要把心思放在妨礙你跟幸福圓滿產生共鳴的問題上，找到像傑西這樣的小男孩，達到與他的振動契合。看著那個孩子，你就跟所有你想要的東西同步了。

人們常常誤以為只要找到了問題，尋根究柢，就可以解決問題。但我們要你明白，問題是沒有底的。當你看著問題時，你只會增加問題的振動。所以你贏不了的，那麼做無法讓你得到你想要的東西。

不把自己侷限在問題上的人，以及不把注意力焦點都放在問題上的人，可以找到更好的解決方法。人們常常彼此找麻煩、發脾氣、鬥來鬥去，而像賈伯斯或比爾·蓋茲這類的人，則是努力找到解決方法，顛覆科技世界。大家都有這種能力。

只要你把注意力放在你想要的東西上，而不是陷入**現狀**的泥淖。

你們怎麼說的？喔，你必須先相信，才能看見。

這句話很適合當書名。

非常適合。有史以來最好的書名。這句話說明一切。你必須找到方法去相信你想要的東西，因爲如果你不相信你要什麼，你就無法實現你的願望。

由於製作特別節目的關係，我認識不少公共電視台的人，我希望透過電視媒體告訴全球各地的人們這個想法，就從美國跟加拿大開始。

太好了。我們只有一個要求。請你先讓自己站上振動的高速轉盤，再告訴他們你的想法。讓本源的振動陪伴著你。你要談論可能的結果，而不是不可能的事情。談論你的目標，而不是你現在的處境。談論你有可能做到的事，而不是眼前這一團混亂。站上高速轉盤，讓本源透過你來說話。你一直都能讓本源發聲。只是在討論這個問題的當下，你沒有做到。

是啊，這個問題讓我很生氣。我知道處於生氣的狀態下……我之前一直沒有從那個角度去想，你們也知道。

電影片商們發現，相較於情節和諧美好的電影，充斥著暴力或違反道德的電影更能吸引觀眾。所以如果他們的目標是金錢收益，他們就會製作能吸引更多觀眾的電影。但那不是你**本來的面目**。你製作的電影訴諸神。

等一下，難道你們不承認……種子都掌握在大公司的手裡？

吸引力法則失靈了嗎？吸引力法則沒問題，你卻要我們以爲它失靈了？我們承認有股動力在製造問題，我們也承認這個世界混亂失序，但只要愈來愈多人把注意力放在混亂和問題上，它們的動力就會跟著增強。

我們相信，已經有愈來愈多人知道他們不想要什麼，所以他們明白自己確實想要什麼，而轉捩點即將出現。我們只是覺得在轉捩點到來之前，你們不需要痛苦這麼久。

我認爲你們剛說的話可以讓轉捩點趕快來到，我們也確實開始能夠把注意力放在我們想要什麼樣的食物上，還有我們希望自己的下一代有多健康。

你上次從樹上摘下成熟果子來吃是什麼時候？你必須看了標籤才知道食物的好處嗎？當周遭的事物跟你**本來的面目**具有一致的振動時，是否就可以讓你看到美好的一切？

我住在茂宜島。那裡的水果甚至連種子都沒有了。木瓜經過基因改造，當你切開它的時候，本來會想說，我要把這些種子都埋在土裡，自己種木瓜樹。但現在已經沒有這種機會了。你要跟孟山都買種子。

喔，我們還有很多話要說。

我不想在切開西瓜時，發現裡面沒有種子，因爲西瓜也經過基因改造了。

所有的水果都被基因改造了嗎？

茂宜島上的水果，大概百分之九十都經過改造吧。

那就挑一個沒有經過改造的，好好享受它。你要說：「這是讓我感覺最好的水果。這是我支持的水果。這是我推崇的水果。」因爲當你抵抗你不想要的東西時，你就發出了你不想要的振動。吸引力法則會把孟山都帶到你面前，給你跟你的振動相符合的東西。

那不公平，因爲我……這眞的很……

如果你一直談論你不在乎的東西，你就無法發射出強而有力的願望。如果你一直談論你不在乎的東西，你就無法呼喚創造世界的無形能量來支持你。換句話說，這場對話把願望發射到前所未有的地方。宇宙也因此擴展。如果你不去探究問題，你就找不到解決方案。但千萬不要被問題牽著走，因爲如果你只看著問題，你是找不到解決方法的。問題跟解決方法的振動頻率不一樣。

你想要把過錯歸咎到誰身上，不論理由爲何，但這麼做是找不到解決方法的。

這就好像你跟別人吵架，而你明知道自己是對的，你應該有這種經驗吧？你告訴他們你的想法，但他們是不是愈來愈過分？你這麼做就只是火上加油罷了。

# 29 怎麼解決讓人不滿的政治環境？

## 你們不只是面對現實，你們在創造現實

今日的政治舞台似乎分裂成兩派，每個人都覺得自己才是對的，根本不可能妥協。

是的，他們的思維停止擴展了。他們也沒有感覺了。但並非完全失去想法與知覺，畢竟選民都希望政府能好好運作。

你們（選民）握有主控權。但如果你們只是看著那些政治人物的作爲，讓他們影響你們的情緒，你們就找不到力量，你們的願望也難以實現。

幾年前，伊絲特還在提供私人諮詢的服務時，我們曾透過電話與一名女士對談，但她就是無法接受我們的任何意見。她很氣我們。由於對話一直沒有進展，於

是我們說：「來玩個遊戲吧。我們希望妳找出三樣東西，讓我們一起專注於這三樣東西。」

她問：「爲什麼？」

我們回答說：「因爲我們要把妳的注意力從抗拒的思維上轉移開來。少了阻力，妳想要的東西才能開始流向妳。」

「是嗎？就這樣？」她問。

我們說：「好比說藍色玻璃杯。妳有沒有想過，藍色玻璃杯能有幾種不同的質地和色澤？」

「沒有，我沒想過，我也沒興趣。」

「妳有沒有想過蝴蝶？蝴蝶的種類、壽命、堅持和美麗？」

「我對蝴蝶也沒什麼興趣。」

「妳想過羽毛嗎？到處都有羽毛。不同種類的羽毛，對所有的生物都有益。」

她氣呼呼地掛上電話。

那天傑瑞跟伊絲特待在加州的拉荷亞，諮詢結束後，他們去喬治餐廳吃午餐。

傑瑞沒聽到那個對話。伊絲特其實也不太記得對話的內容。走在拉荷亞的大街上，經過瓦倫西亞飯店，伊絲特突然很想進去買東西，於是便拉著傑瑞走進去了。他不想去，但伊絲特很堅持。他只好跟著進去，一路走到某家店裡，最裡面的牆上擺著他們這輩子看過最驚人的藍色玻璃杯展示。他們不需要藍色玻璃杯，也沒想到要買藍色玻璃杯，不過藍色玻璃杯就擺在那裡。

後來他們離開了，什麼也沒買。他們去喬治餐廳吃午餐，然後散步去拉荷亞海灣，他們覺得那是最美麗的地方。他們很喜歡去那裡。

他們穿過草坪，往懸崖邊走去時，突然間一大群蝴蝶圍住了他們，多到他們得趕緊閉上嘴巴，免得把蝴蝶吃進去。

真的嗎？

當時伊絲特還沒想到這些事情跟電話諮詢的關聯。接著，一名亞洲小男孩，大概三、四歲吧，跑過草坪，他手裡拿著什麼東西，雙眼望向伊絲特。然後他走到她面前，把一根羽毛遞給她。就在那時候，伊絲特全都想起來了。她發覺才不到兩個小時的時間，宇宙已經精心安排了非常清楚的路徑，沒有抗拒，帶來剛才那三樣作爲舉例的東西。

所以我們鼓勵你，選擇一些你不怎麼抗拒的東西，好好想一想。無關乎志業、任務、人生目標，或是任何你打算拿來炫耀的東西。選個簡單的東西，早上起來以後稍微想一想，看看宇宙會用什麼聰明的方法幫你遇到那些東西。

常常這麼練習的話，你會明白沒有什麼是你不能掌控的，因爲當你把頻率調到你眞正想要的東西，本源就跟你同在，完全沒有阻力，一切都有可能實現。

這世上有形形色色的事物，多到人們看到都會覺得驚訝。「你看，那些政客在做什麼？他們眞的在對話了。他們過去很少好好地對話。喔，他們的行爲看起來比較合理了。他們眞的要合作了！」

如果有一群人能攜手合作，好比說那些有學問又有企圖心的聰明政治人物，如果他們能夠聆聽彼此的想法，調整他們的振動頻率，與內在的本源保持契合，不去爭執是誰提出了什麼好點子、誰得到誇獎，而是努力讓彼此的想法變得更好，那會怎麼樣呢？

只要有些人可以專注地往這個方向想，你們就可以實現這樣的世界。但如果你們不斷宣揚政治人物做錯的地方，你們就會加強了負面思維的動力，也會阻礙自己的目標。一旦脫離了完滿的軌道後，你會覺得很不好受，也會責怪其他人給你這種感覺。

你們是強大的創造者。你們不只是面對現實，你們在創造現實。

**所以就算碰到最無恥、最邪惡的事情，依然要保持正面的思維？**

他們的言行愈是令人不齒，你的願望就愈是強烈，本源的能量也更加清楚。我們了解你無法一下子就到達目標。但你必須專注於自己的感受，才能夠讓自己更加貼近本源，感受到自己的價值，也願意接下重大的任務，把注意力放在重要的解決方案上。

**發洩怒氣不是驅使人們這麼做的動機嗎？**

動機跟啓發完全不一樣。動機會讓人覺得不是那麼愉快。啓發則總是讓人感覺良好的。我們不否認，憤怒是第一步。但你們千萬不要一直停留在那一步。那麼做只會讓你們覺得很累，變得愛抱怨、憤世嫉俗，然後你們就變得跟那樣政客一樣了。

# 結語

我們非常享受這次的互動，無法用言語表達那是多麼美好的體驗。

我也是。

領著思維超越思維，真的很美妙。獻上我們全心的愛。也獻給你們。

謝謝。

這次的對話到此結束。

†

伊絲特：謝謝賀房出版社。謝謝大家。這樣的體驗太棒了。

偉恩：謝謝。我覺得有點麻麻的。我不知道那是什麼。總之，謝謝大家參與這場對話。

心得筆記

心得筆記

心得筆記

心得筆記

心得筆記

國家圖書館出版品預行編目資料

來自亞伯拉罕的祕密：一場偉大靈性導師間的對話，一段啓發心智的旅程
伊絲特・希克斯 Esther Hicks&偉恩・戴爾 Wayne W. Dyer 著　嚴麗娟 譯
初版. -- 臺北市：商周出版：家庭傳媒城邦分公司發行

2015.8　面；　公分

譯自：Co-Creating at Its Best: A Conversation Between Master Teachers

ISBN 978-986-272-832-1(平裝)

1.靈修 2.生活指導

192.1　　104010581

# 來自亞伯拉罕的祕密：一場偉大靈性導師間的對話，一段啟發心智的旅程

原著書名／Co-Creating at Its Best: A Conversation Between Master Teachers
作　　者／伊絲特・希克斯Esther Hicks & 偉恩・戴爾Wayne W. Dyer
譯　　者／嚴麗娟
責任編輯／陳玳妮

版　　權／林心紅
行銷業務／李衍逸、黃崇華
總 編 輯／楊如玉
總 經 理／彭之琬
發 行 人／何飛鵬
法律顧問／台英國際商務法律事務所 羅明通律師
出　　版／商周出版
台北市104民生東路二段141號9樓
電話：(02) 25007008　傳眞：(02)25007759
E-mail：bwp.service@cite.com.tw
Blog：http://bwp25007008.pixnet.net/blog
發　　行／英屬蓋曼群島商家庭傳媒股份有限公司城邦分公司
台北市中山區民生東路二段141號2樓
書虫客服服務專線：(02)25007718；(02)25007719
服務時間：週一至週五上午09:30-12:00；下午13:30-17:00
24小時傳眞專線：(02)25001990；(02)25001991
劃撥帳號：19863813；戶名：書虫股份有限公司
讀者服務信箱：service@readingclub.com.tw
城邦讀書花園：www.cite.com.tw
香港發行所／城邦（香港）出版集團有限公司
香港灣仔駱克道193號東超商業中心1樓
E-mail：hkcite@biznetvigator.com
電話：(852) 25086231 傳眞：(852) 25789337
馬新發行所／城邦（馬新）出版集團【Cite (M) Sdn. Bhd.】
41, Jalan Radin Anum, Bandar Baru Sri Petaling,
57000 Kuala Lumpur, Malaysia.
Tel: (603) 90578822　Fax: (603) 90576622
Email: cite@cite.com.my

封面設計／黃聖文
排　　版／極翔企業有限公司
印　　刷／韋懋印刷事業有限公司
總 經 銷／高見文化行銷股份有限公司
電話：(02)26689005　傳眞：(02)26689790　客服專線：0800-055-365

■2015年8月4日初版　　Printed in Taiwan
定價260元



城邦讀書花園
www.cite.com.tw

商周出版

| 廣　告　回　函 |
| --- |
| 北區郵政管理登記證 |
| 北臺字第000791號 |
| 郵資已付，免貼郵票 |

104　台北市民生東路二段141號2樓

英屬蓋曼群島商家庭傳媒股份有限公司城邦分公司　收

請沿虛線對摺，謝謝！

商周出版

書號：BX1065　　書名：來自亞伯拉罕的祕密　　編碼：

請於此處用膠水黏貼

商周出版

# 讀者回函卡

**感謝您購買我們出版的書籍！請費心填寫此回函卡，我們將不定期寄上城邦集團最新的出版訊息。**

不定期好禮相贈！
立即加入：商周出版
Facebook 粉絲團

姓名：＿＿＿＿＿＿＿＿＿＿＿＿＿＿ 性別：□男 □女

生日：西元＿＿＿＿＿＿年＿＿＿＿＿＿月＿＿＿＿＿＿日

地址：＿＿＿＿＿＿＿＿＿＿＿＿＿＿＿＿＿＿＿＿

聯絡電話：＿＿＿＿＿＿＿＿＿＿ 傳真：＿＿＿＿＿＿＿＿＿＿

E-mail ：

學歷：□ 1. 小學 □ 2. 國中 □ 3. 高中 □ 4. 大學 □ 5. 研究所以上

職業：□ 1. 學生 □ 2. 軍公教 □ 3. 服務 □ 4. 金融 □ 5. 製造 □ 6. 資訊
□ 7. 傳播 □ 8. 自由業 □ 9. 農漁牧 □ 10. 家管 □ 11. 退休
□ 12. 其他＿＿＿＿＿＿＿＿＿＿＿＿＿＿

您從何種方式得知本書消息？
□ 1. 書店 □ 2. 網路 □ 3. 報紙 □ 4. 雜誌 □ 5. 廣播 □ 6. 電視
□ 7. 親友推薦 □ 8. 其他＿＿＿＿＿＿＿＿＿＿

您通常以何種方式購書？
□ 1. 書店 □ 2. 網路 □ 3. 傳真訂購 □ 4. 郵局劃撥 □ 5. 其他＿＿＿

您喜歡閱讀那些類別的書籍？
□ 1. 財經商業 □ 2. 自然科學 □ 3. 歷史 □ 4. 法律 □ 5. 文學
□ 6. 休閒旅遊 □ 7. 小說 □ 8. 人物傳記 □ 9. 生活、勵志 □ 10. 其他

對我們的建議：＿＿＿＿＿＿＿＿＿＿＿＿＿＿＿＿＿＿＿＿
＿＿＿＿＿＿＿＿＿＿＿＿＿＿＿＿＿＿＿＿
＿＿＿＿＿＿＿＿＿＿＿＿＿＿＿＿＿＿＿＿



請於此處用膠水黏貼